Thorsten Henss

Die Klimastrategie der Bundesrepublik Deutschland

- Eine ökonomische Analyse -

Thorsten Henss

DIE KLIMASTRATEGIE DER BUNDESREPUBLIK DEUTSCHLAND

- Eine ökonomische Analyse -

ibidem-Verlag
Stuttgart

Bibliografische Information der Deutschen Nationalbibliothek
Die Deutsche Nationalbibliothek verzeichnet diese Publikation in der Deutschen Nationalbibliografie; detaillierte bibliografische Daten sind im Internet über http://dnb.d-nb.de abrufbar.

Bibliographic information published by the Deutsche Nationalbibliothek
Die Deutsche Nationalbibliothek lists this publication in the Deutsche Nationalbibliografie; detailed bibliographic data are available in the Internet at http://dnb.d-nb.de.

Coverabbildung: Rainer Sturm / pixelio.de

∞

Gedruckt auf alterungsbeständigem, säurefreien Papier
Printed on acid-free paper

ISBN-13: 978-3-8382-0598-4

Printed in Germany

Vorwort

Klimawandel, Klimaschutz, Nachhaltigkeit, Low-Carbon-Economy – alles Schlagwörter aus dem politischen Diskurs der letzten Jahre. Speziell Deutschland sieht sich gern als Vorreiter im Klimaschutz. Spätestens seit sich die damalige schwarz-gelbe Bundesregierung im Frühjahr 2011 nach der Atomkatastrophe von Fukushima auch zum deutschen Atomausstieg bekannte, genießt die deutsche Klimapolitik internationale Aufmerksamkeit. Klimaschutz steht jedoch in einem Industrieland wie Deutschland traditionell auch in einem Spannungsverhältnis zu wirtschaftspolitischen Zielsetzungen.

Sind Klimaschutz und wirtschaftliche Prosperität miteinander vereinbar? Umweltökonomen haben diese Frage schon vor Jahrzehnten mit „Ja“ beantwortet. Allerdings ist dafür eine möglichst effiziente Ausgestaltung der Maßnahmen zum Klimaschutz Voraussetzung. Dies wirft wiederum die Frage auf, wie effizient die deutsche Klimapolitik arbeitet. Erscheinen wesentliche Elemente der deutschen Klimapolitik dauerhaft erfolgversprechend? Und falls bestimmte Maßnahmen suboptimal wirken, ist dies nur Zufall, oder gibt es auch mögliche Gründe für systematische Fehlentwicklungen in der Klimapolitik? Diesen und anderen Fragen versuche ich im vorliegenden Werk in komprimierter Form nachzugehen und so einen Beitrag zu leisten, sich in der politischen und ökonomischen Debatte um den Klimaschutz besser zu Recht zu finden.

Thorsten Henss, März 2014

Inhalt

Tabellenverzeichnis

Abbildungsverzeichnis

Einleitung

Es gibt wenige Themen, denen in den letzten zehn Jahren weltweit so viel Aufmerksamkeit zuteilwurde wie der Klimaproblematik. Viele Artikel und Bücher wurden publiziert. Autoren der unterschiedlichsten Fachrichtungen beschäftigten sich mit der Thematik. Auch die Ökonomik befasste sich damit. Umweltfragen sind für Ökonomen keineswegs etwas Neues. Die Umweltökonomik analysiert seit Jahrzehnten die ökonomischen Ursachen und Auswirkungen von Umweltverschmutzung, Naturzerstörung und Übernutzung natürlicher Ressourcen. Gleichzeitig gaben Ökonomen der Politik eine Reihe von Empfehlungen an die Hand, wie man den Schutz der Natur und die Sicherung unserer Lebensgrundlagen effizient umsetzen könnte. Lange Zeit schienen diese Empfehlungen allerdings auf wenig Gehör zu treffen. Die Umweltpolitik blieb ein Politikfeld, das sich vor allem als klassische Auflagenpolitik darstellte. Mit der zunehmenden Bedeutung des Klimawandels in der Umweltdebatte wandelte sich dies jedoch allmählich. Der Klimawandel und seine Ursachen sind offenbar ein zu komplexes Problem, um mit den klassischen Methoden allein gelöst zu werden. Diese neue Situation macht die Klimapolitik zu einem äußerst interessanten Untersuchungsobjekt für die Ökonomik.

Es ist jedoch nicht nur die klassische Umwelt- und Wohlfahrtsökonomik, die sich seit Jahrzehnten mit der Umweltpolitik befasst. Auch die sogenannte Neue Politische Ökonomie beschäftigt sich seit langem mit der politischen Ausgestaltung des Umweltschutzes. Sie ist nicht normativ ausgerichtet wie die Wohlfahrtsökonomik. Sie ist deskriptiv und versucht die real zu beobachtenden Entwicklungen zu erklären. Spätestens BUCHANAN & TULLOCK (1975) gelang es in ihrem Artikel, *„Polluters' Profits and Political Response: Direct Controls Versus Taxes"*, zu zeigen, dass die Wirkungen politischer Maßnahmen nicht unbedingt immer so sind, wie man auf den ersten Blick meinen würde. Mit Hilfe der Methoden der politischen Ökonomik lässt sich in vielen Fällen erklären, warum bestimmte politische Maßnahmen manchmal aus unerwarteter Ecke Unterstützung bekommen. Sie kann helfen, das Zustandekommen der Realität ein Stück erklärbarer zu machen.

Die vorliegende Arbeit möchte beide Ansätze der ökonomischen Theorie miteinander verbinden. Anhand der Bundesrepublik Deutschland und ihrer Klimapolitik sollen exemplarisch verschiedene Instrumente der Umweltpolitik einer Analyse sowohl aus Sicht der Umwelt- und Wohlfahrtsökonomik, als auch aus Sicht der Neuen Politischen Ökonomie unterzogen werden.

In Kapitel 1 werden die ökologischen und politischen Rahmenbedingungen dargestellt, in denen sich die deutsche Klimastrategie bewegt. Kapitel 2 erläutert zunächst den wohlfahrtsökonomischen Zugang zur Klimaproblematik. Im Zentrum stehen dabei Marktversagen in Folge externer Effekte und die Allmendeproblematik. Anschließend werden Standardinstrumente der umweltökonomischen Theorie zur Lösung dieser Probleme kurz vorgestellt und diskutiert. Der Schwerpunkt von Kapitel 2 liegt aber in der Darstellung und der Effizienzanalyse von drei konkreten, gesetzgeberischen Maßnahmen, die zu den wesentlichen Elementen der deutschen Klimastrategie gehören:

- die Energieeinsparverordnung – EnEV,
- das Erneuerbare-Energien-Gesetz – EEG und
- der Emissionshandel.

Die Effizienzanalyse orientiert sich dabei an den Kriterien der wohlfahrtsökonomischen Effizienz (Pareto-Optimalität) – in statischer und dynamischer Perspektive – sowie an der Treffsicherheit der Instrumente in ihrer jeweiligen Form. Nach der normativen Analyse in Kapitel 2 erfolgt in Kapitel 3 eine deskriptive Analyse der deutschen Klimapolitik aus Sicht der Neuen Politischen Ökonomie. Insbesondere soll versucht werden, mit einigen grundlegenden theoretischen Ansätzen bestimmte Eigenheiten der deutschen Klimapolitik, die sich in den vorangegangenen Kapiteln ergeben haben, zu erklären.

Nur durch eine solche Analyse, die normative und deskriptive Ansätze miteinander verbindet, ist es möglich, Klimaschützern substanzielle Verbesserungsvorschläge an die Hand zu geben. Ohne die normativen Aussagen der Wohlfahrtsökonomik kann man keine Politikberatung zum Umweltschutz betreiben. Genauso falsch wäre es aber auch, die Realität mit ihren unterschiedlichen Einflussfaktoren auf den politischen Entscheidungsprozess außer Acht zu lassen. Normative Aussagen allein – losgelöst von der politischen Wirklichkeit – können leicht zur Wissenschaft im Elfenbeinturm werden. Berücksichtigt man beide Sichtweisen, so kann man Aussagen über den gegenwärtigen Effizienzgrad der deutschen Klimapolitik treffen, Ineffizienzen erklären und Verbesserungsvorschläge unterbreiten.

1. Die Klimastrategie der Bundesrepublik Deutschland

1.1 Globale Energieversorgung und politische Entwicklungen in Deutschland

Seit Beginn der Industrialisierung hat sich der Energiebedarf der Weltbevölkerung drastisch erhöht. Die Zunahme ist sowohl auf einen Anstieg der Weltbevölkerung zurückzuführen, als auch auf einen Anstieg des Pro-Kopf-Energiebedarfs. Verbunden mit dem Wachstum der Energienachfrage war auch ein Wechsel im Mix der Energieträger, mit dem die Nachfrage gedeckt wurde. Vermutlich gegen Ende des 19. Jahrhunderts löste (fossile) Kohle die Biomasse als wichtigsten Energieträger der Menschheit ab.[1] Später wurde dann die Kohle ihrerseits von Rohölprodukten und fossilem Gas abgelöst. Und nicht zuletzt gewann die Atomenergie seit Mitte des 20. Jahrhunderts stark an Bedeutung.[2] Aktuell wird der weltweite Energiebedarf durch folgende Primärenergieträger mit folgenden Anteilen gedeckt:

Abbildung 1: Anteile verschiedener Primärenergieträger am weltweiten Einsatz 2009

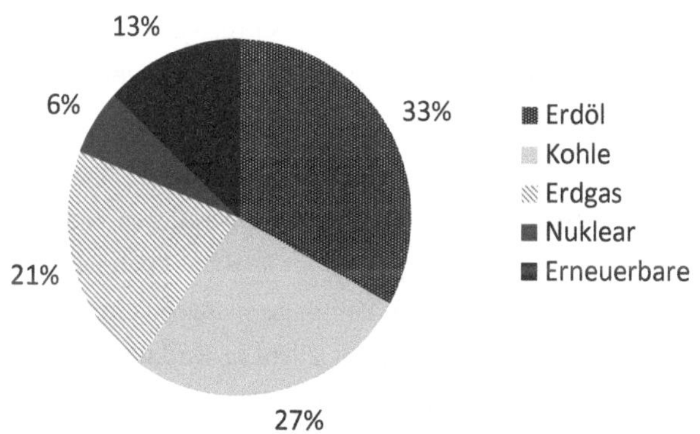

Quelle: Eigendarstellung nach UMWELTBUNDESAMT ÖSTERREICH 2012 und IEA 2011 S. 6

Mit dem Anstieg der Primärenergienachfrage und dem Wandel des Energieträgermixes waren einige erhebliche ökologische Nebenwirkungen verbunden. Viele die-

1 Vgl. Smil 2006 und Marchetti 1977

2 Vgl. Marchetti 1977

ser Probleme wurden zunächst vor allem als lokal-ökologische Probleme wahrgenommen, z.B. Ölteppiche oder Braunkohletagebauten. Mindestens seit Anfang der 70iger Jahre weisen jedoch Autoren auch in bekannten Journalen auf eine mögliche global-ökologische Dimensionen der Probleme, die mit dem Entwicklungspfad der Menschheit verbunden sind, hin[3].

Eine Publikation, die weltberühmt wurde, löste nicht nur unter Wissenschaftlern, sondern auf praktisch allen gesellschaftlichen Ebenen heftige Debatten aus: die Studie zur Lage der Menschheit, die am Massachussetts Institute of Technology (MIT) im Auftrag des Club of Rome erstellt wurde und 1972 unter dem Titel „Die Grenzen des Wachstums" erschien. Im Zentrum standen hierbei die fünf Faktoren Industrialisierung, Unterernährung, Ausbeutung der Rohstoffreserven und Zerstörung von Lebensraum, die in sog. „rückgekoppelten Regelkreisen" miteinander in Beziehung gesetzt wurden.[4] Im Endergebnis prophezeite die Studie, nach einer Phase des Wirtschaftswachstums und des Bevölkerungsanstieges, ein dramatisches Schrumpfen der Weltbevölkerung in Folge von Versorgungsproblemen. Einige Annahmen, die der Studie zugrunde lagen, wurden in der Folgezeit zwar durchaus kritisiert[5], der regen öffentlichen Diskussion über Fragen von Umwelt und zukünftiger Entwicklung tat dies jedoch keinen Abbruch. Und nicht zuletzt begann auch die Politik sich allmählich intensiver mit Umweltfragen zu beschäftigen. Unter anderem rückten in den Folgejahren Fragen der Ressourcenproduktivität ins Zentrum.[6]

Mit Sicherheit sehr stark gefördert wurde dieser politische Trend durch die erste große Ölkrise von 1973, die insbesondere den westlichen Industrieländern ihre dramatische Abhängigkeit von importierten fossilen Energieträgern vor Augen führte. In vielen Ländern sah sich die Politik gezwungen zu reagieren. In Folge erließ auch die bundesdeutsche Politik, vor allem in Reaktion auf die Ölkrise, eine Reihe von Maßnahmen, von denen einige im Rückblick eher aktionistisch wirken –

---

3 Vgl. Holdren & Ehrlich 1974. Am Rande sei hier folgendes interessantes Faktum erwähnt: Holdren & Ehrlich widmen einen ganzen Abschnitt ihres Artikels möglichen Auswirkungen der Energieversorgung auf das Klima und deren Folgen (S. 287f.). Dabei erwähnen sie auch schon die Möglichkeit einer Klimaveränderung in Folge des anthropogenen CO_2-Ausstoßes, die meiste Aufmerksamkeit widmen sie aber einer möglichen Gefahr, dass Abwärmeprozesse in Folge der menschlichen Energienutzung das Klima verändern könnten.

4 Promberger et al. 2006 S. 7f. und Henss 2008 S. 20

5 Vgl. bspw. Tietenberg 2003 S. 8ff. nach Henss 2008 S. 21

6 Vgl. bspw. Brunnhuber 2001 S. 7

zu nennen wären bspw. die Sonntagsfahrverbote, die sich auch nicht lange hielten. Andere Maßnahmen hielten sich hingegen wesentlich länger beziehungsweise halten sich bis heute. Anzuführen wäre bspw. die 1977 erlassene WÄRMESCHUTZVERORDNUNG (WärmeschutzV), die verbindliche Vorgaben für den baulichen Wärmeschutz für eine Vielzahl von Gebäuden machte. Sie wurde 2002 von der ENERGIEEINSPARVERORDNUNG (EnEV), die u.a. ähnliche Vorgaben in verschärfter Form macht, abgelöst.[7]

Innerhalb der politischen Diskussionen um die Energieversorgung rückte im Laufe der Jahrzehnte vor allem ein Punkt mehr und mehr in den Fokus: der Klimawandel in Folge der anthropogenen Emission von Treibhausgasen. In vielen Ländern, so auch in der Bundesrepublik Deutschland, reagierte die Politik mit (Gesetzes-)Initiativen, die zunehmend genau auf diesen Problemaspekt zugeschnitten sind.[8] Die hohe mediale Präsenz, die dieses Thema nach wie vor hat, zeigt jedoch ganz klar, dass das Problem der Treibhausgasemissionen (THG-Emissionen) und der zu erwartenden Klimaerwärmung nach wie vor keineswegs gelöst ist. Im Gegenteil, das internationale Ringen um ein Nachfolgeabkommen für das 2012 auslaufende Kyoto-Protokoll zum Klimaschutz zeigt, wie brennend aktuell das Thema nach wie vor ist. Im Folgenden soll nun versucht werden, darzustellen, welche Ziele die bundesdeutsche Politik im Zusammenhang mit dem Klimaschutz aktuell verfolgt und mit welchen Mitteln sie versucht, diese zu erreichen.

1.2 Deutsche Klimaschutzziele im internationalen Kontext

1.2.1 Ziele bis 2012

Die Ziele der deutschen Bunderegierung in der Klimapolitik sind eingebettet in internationale Verpflichtungen, die Deutschland im Rahmen der Vereinten Nationen bzw. der Europäischen Union eingegangen ist. Das bis heute wichtigste internationale Abkommen zum Klimaschutz ist das Kyoto-Protokoll, das auf der dritten Vertragsstaatenkonferenz der Klimarahmenkonvention im Jahre 1997 in Kyoto verabschiedet wurde.[9] Damit es in Kraft treten konnte, musste es zuvor noch von einer bestimmten Anzahl der Vertragsstaaten ratifiziert werden. Und zwar mussten

- mindestens 55 Staaten das Abkommen ratifizieren, und

7 Siehe EnEV 2001 §20 Abs. 2

8 Vgl. bspw. BMWi&BMU 2007

9 BMU 2011: Kyotoprotokoll

- diese Staaten mussten mindestens 55% der CO_2-Emissionen der Industrieländer im Jahr 1990 repräsentieren.[10]

Die USA haben das Abkommen bis heute nicht ratifiziert. Da die USA alleine 35% der CO_2-Emissionen der Industrieländer im Jahr 1990 repräsentierten, führte dies lange Zeit dazu, dass die zweite Bedingung nicht erfüllt wurde und das Abkommen nicht in Kraft treten konnte. Erst als sich Russland nach ebenfalls langem Zögern 2004 doch dazu entschließen konnte, das Abkommen umzusetzen, konnte es am 16. Februar 2005 in Kraft treten.[11]

Das Kyoto-Protokoll definiert neben Kohlendioxid (CO_2), dem mengenmäßig bedeutendsten Treibhausgas, noch weitere Treibhausgase. Dies sind Methan (CH_4), Lachgas (N_2O) und einige flourierte Verbindungen wie bspw. perflourierte Kohlenwasserstoffe (FKW) oder Schwefelhexaflourid (SF_6), die auch als sog. F-Gase bezeichnet werden.[12] Um eine einheitliche Bewertungsgröße zu haben, werden die übrigen Treibhausgase gewichtet mit ihrer Treibhauswirkung in CO_2-Äquivalente umgerechnet.

Im Kyoto-Protokoll verpflichten sich die als Industrienationen definierten Länder von 1990 dazu, ihre Treibhausgasemissionen (THG-Emissionen) bis 2012 um mindestens 5% unter das Niveau von 1990 zu senken.[13] Zu beachten ist, dass sich die 5% nur auf die Emissionen der Industrienationen beziehen. Entwicklungsländern wurde hingegen meist eine Ausweitung ihrer THG-Emissionen zugebilligt. Die EU, die damals noch aus 15 Mitgliedern bestand, verpflichtete sich, ihre Emissionen im Durchschnitt der Mitgliedsstaaten um 8% gegenüber dem Basisjahr zu senken. Innerhalb der EU-15 wurden diese 8% im Rahmen eines „Lastenausgleichs"[14] anhand bestimmter Kriterien auf die einzelnen Mitgliedsstaaten aufgeteilt (manchen Staaten wurde sogar noch eine weitere Erhöhung zugebilligt, bspw. Portugal mit +27%). Deutschland übernahm dabei die Verpflichtung, seine THG-Emissionen um 21% gegenüber 1990 zu senken.[15] Bei der Beurteilung dieser sehr hoch wirkenden

---

[10] BMU 2011: Kyotoprotokoll

[11] BMU 2011: Kyotoprotokoll

[12] Umweltbundesamt Deutschland 2011: Weltweite anthropogene Treibhausgas-Emissionen, und Gugele et al. 2004 S. 7f. nach Henss 2008 S. 76

[13] BMU 2011: Kyotoprotokoll

[14] Vgl. Umweltbundesamt Deutschland 2011: Zielsetzungen der Europäischen Union (EU-15 und EU-27) zur Minderung der Treibhausgas-Emissionen

[15] BMU 2011: Kyotoprotokoll

Zahl ist zu beachten, dass die Emissionssituation von 1990 in Deutschland noch stark von der DDR-Wirtschaft geprägt war, die sich teilweise durch stark veraltete und ineffiziente Anlagen zur Energienutzung auszeichnete. Dadurch ergaben sich gerade in der ersten Hälfte der 1990er Jahre viele vergleichsweise „einfache" Möglichkeiten, Treibhausgasemissionen einzusparen. Und tatsächlich ist es Deutschland auch gelungen, eine sogar noch höhere prozentuale Einsparung zu realisieren, wie im kommenden Abschnitt gezeigt wird.

1.2.2 Entwicklung seit 1990

In den 20 Jahren von 1990 bis 2010 konnten die THG-Emissionen in Deutschland um über 24% gegenüber dem Wert von 1990 gesenkt werden. Lagen sie 1990 noch bei 1.246 Mio. t CO_2-Äquivalenten, betrugen sie 2010 nur noch ca. 937 Mio. t.[16] Folgende Grafiken veranschaulichen diese Entwicklung:

Abbildung 2: Deutsche THG-Emissionen in Mio. t CO2 und CO2-Äquivalente 1990 bis 2010

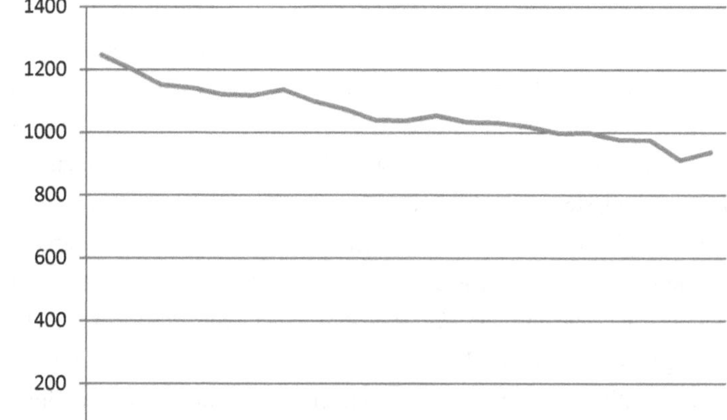

Quelle: Eigendarstellung nach UMWELTBUNDESAMT DEUTSCHLAND 2012: Emissionen von direkten und indirekten Treibhausgasen und von SO_2

[16] Umweltbundesamt Deutschland 2012: Emissionen von direkten und indirekten Treibhausgasen und von SO_2. Diese Werte berücksichtigen keine CO_2-Emissionen bzw. CO_2-Bindungen aus Landnutzung, Landnutzungsänderungen und Forstwirtschaft (kurz: LULUCF, für Land Use, Land Use Change and Forestry). Methan- und Lachgas-Emissionen aus diesem Bereich wurden hingegen schon berücksichtigt.

Abbildung 3: Relative Veränderung der THG-Emissionen in Deutschland gegenüber 1990

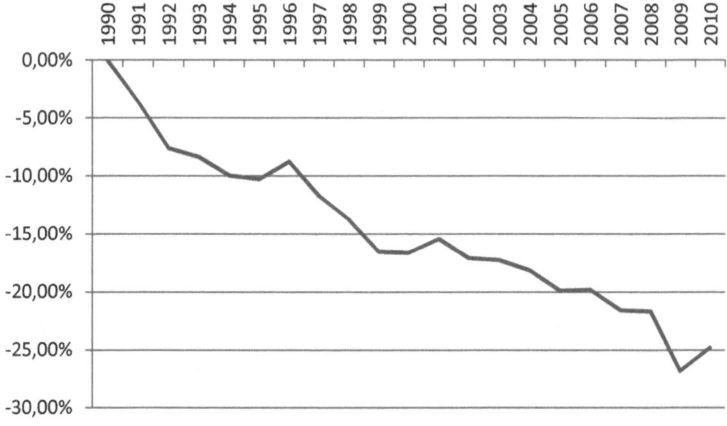

Quelle: Eigendarstellung nach UMWELTBUNDESAMT DEUTSCHLAND 2012: Emissionen von direkten und indirekten Treibhausgasen und von SO_2

Auch die EU konnte ihr Ziel von 8% übererfüllen. Im Jahr 2009 lagen die THG-Emissionen der EU-15 Mitglieder im Durchschnitt 12,7% unter jenen des Jahres 1990.[17] Dies trifft allerdings nur auf den Durchschnitt der 15 Staaten, die zum Zeitpunkt der Unterzeichnung des Kyoto-Protokolls EU-Mitglieder waren, zu. Manche Einzelstaaten, wie Österreich oder Italien, konnten ihre Ziele nicht erreichen.[18] Die „neuen" EU-Mitglieder, die erst ab 2004 der Europäischen Union beigetreten sind, haben eigene nationale Kyoto-Ziele definiert.[19] Bei den meisten Zielen handelt es sich dabei um eine Senkung von 8% unter das Niveau von 1990, bei manchen um eine Senkung von 6%. Bis auf Slowenien konnten alle dieser Staaten in den letzten Jahren eine positive Entwicklung verzeichnen.[20] In Summe sanken die THG-Emissionen in der EU-27 zwischen 1990 und 2010 um 15,5%.[21] Eine Sonderrolle

---

17 BMU 2011: Kyotoprotokoll

18 Umweltbundesamt Deutschland 2011: Zielsetzungen der Europäischen Union (EU-15 und EU-27) zur Minderung der Treibhausgas-Emissionen

19 Umweltbundesamt Deutschland 2011: Zielsetzungen der Europäischen Union (EU-15 und EU-27) zur Minderung der Treibhausgas-Emissionen

20 Umweltbundesamt Deutschland 2011: Zielsetzungen der Europäischen Union (EU-15 und EU-27) zur Minderung der Treibhausgas-Emissionen

21 Umweltbundesamt Deutschland 2011: Zielsetzungen der Europäischen Union (EU-15 und EU-27) zur Minderung der Treibhausgas-Emissionen

kommt Zypern und Malta zu: da sie nicht zu den Industrienationen von 1990 gehören (sog. Annex I-Staaten im Kyoto-Protokoll), kommt ihnen keine Minderungsverpflichtung zu.[22]

Weltweit sank der Treibhausgasausstoß jener Industrienationen, die sich im Kyoto-Protokoll verpflichtet haben, bis 2008 um immerhin 6,1%.[23] Zu beachten ist, dass es sich hier nur um THG-Emissionen jener Industrienationen von 1990, die Verpflichtungen eingegangen sind, handelt. Da aber der Anteil, den die Industriestaaten am weltweiten CO_2-Ausstoß haben, nur noch ca. 40% beträgt[24], konnte die positive Entwicklung in einer ganzen Reihe von Industrienationen den Boom in den Schwellenländern nicht kompensieren. In Summe aller Staaten stiegen und steigen die THG-Emissionen nach wie vor weiter deutlich an. Im Jahr 2010 wurde der Rekordwert von 30,6 Gigatonnen CO_2 emittiert[25], dies entsprach einer Zunahme von über 38% gegenüber 1990.[26] Hauptverantwortlich für diesen starken Anstieg sind vor allem die rasant wachsenden Emissionen der boomenden Schwellenländer. Allen voran gilt dies für China, das die USA als größten Emittenten mittlerweile abgelöst hat und 2009 rund dreimal soviel Kohlendioxid ausstieß wie 1990. Auch in Indien und dem mittleren Osten sind die Emissionen seit 1990 stark gestiegen, im Vergleich zum chinesischen Anstieg sind diese Zuwächse aber noch gering.[27]

Nicht zuletzt aufgrund dieser für den Klimaschutz noch sehr unbefriedigenden Gesamtentwicklung, und weil das Kyoto-Protokoll 2012 ausläuft, wird seit Jahren über ein Nachfolgeabkommen zu Kyoto verhandelt, das auch die Schwellenländer, allen voran China, stärker mit in die Verantwortung ziehen soll. Wie man aber der Presse entnehmen konnte, blieben diese Verhandlungen bisher noch ohne Ergebnis.[28]

---

[22] Umweltbundesamt Deutschland 2011: Zielsetzungen der Europäischen Union (EU-15 und EU-27) zur Minderung der Treibhausgas-Emissionen

[23] BMU 2011: Kyotoprotokoll

[24] Spiegel Online 30.5.2011

[25] Spiegel Online 30.5.2011

[26] Verband der Chemischen Industrie e.V. 2012

[27] Vgl. Verband der Chemischen Industrie e.V. 2012. Die Führungsrolle der Chinesen beim CO_2-Ausstoß betrifft die Gesamtemissionen. Relativ zur Bevölkerungsgröße gesehen sind die chinesischen Pro-Kopf-Emissionen nach wie vor noch geringer als in den USA oder Westeuropa. Siehe dazu: Spiegel Online 30.5.2011

[28] Vgl. dazu bspw. Ehring 2012

1.2.3 Ziele der EU nach 2012

Auch für die Zeit nach 2012 sind die klimapolitischen Zielsetzungen der deutschen Bundesregierung vom internationalen Kontext geprägt. Da, wie bereits erwähnt, ein Nachfolgeabkommen für das Kyoto-Protokoll noch aussteht, hat sich die Europäische Union, die jetzt als EU-27 auftritt, bislang unilateral selbst dazu verpflichtet, bis 2020 ihre Treibhausgas-Emissionen 20% unter das Niveau von 1990 zu senken.[29] Dies entspricht einer Senkung von 14% gegenüber dem Niveau von 2005.[30] Darüber hinaus hat sich die EU-27 bereit erklärt, ihre THG-Emissionen um 30% unter das Niveau von 1990 zu senken, wenn ein internationales Abkommen zustande kommen sollte, in dem sich die anderen Industrieländer zu ähnlichen Zielen verpflichten, und wenn die großen Emittenten unter den Schwellenländern ebenfalls „angemessene Beiträge" leisten.[31] Da es ein derartiges Abkommen aber bislang noch nicht gibt, gilt weiterhin das 20%-Ziel (bzw. eben 14% gegenüber 2005). Um dies zu erreichen, sollen die Emissionen im EU-Emissionshandelssektor um 21% gegenüber 2005 sinken. Da der Emissionshandelssektor mit Beginn der Handelsperiode 2013 EU-weit einheitlich behandelt wird[32], erfolgt hier keine Aufteilung auf die einzelnen Mitgliedsstaaten. Im Jahr 2020 werden EU-weit um 21% weniger Emissionszertifikate zur Verfügung stehen als 2005.[33] Welche Betriebe aus welchen Mitgliedsländern diese nutzen werden, wird der Markt entscheiden. Die 21%-ige Senkung der Emissionen gegenüber 2005 reicht alleine aber noch nicht aus, um das Einsparungsziel von 14% gegenüber 2005 zu erreichen. Ergänzend dazu müssen außerhalb des Emissionshandelssektors (z.B. bei den privaten Haushalten oder im Dienstleistungsbereich) noch 10% am Emissionen im Vergleich zu 2005 eingespart werden.[34] Diese Verpflichtung wird wieder, ähnlich wie die Kyoto-Verpflichtungen in der Vergangenheit, auf die einzelnen Mitgliedsstaaten nach bestimmten

[29] Umweltbundesamt Deutschland 2011: Zielsetzungen der Europäischen Union (EU-15 und EU-27) zur Minderung der Treibhausgas-Emissionen

[30] Umweltbundesamt 2011: Aufteilung der EU-Treibhausgas-Emissionsminderungsbeiträge um 20% gegenüber 1990.

[31] Umweltbundesamt Deutschland 2011: Zielsetzungen der Europäischen Union (EU-15 und EU-27) zur Minderung der Treibhausgas-Emissionen

[32] Umweltbundesamt Deutschland 2011: Zielsetzungen der Europäischen Union (EU-15 und EU-27) zur Minderung der Treibhausgas-Emissionen

[33] Umweltbundesamt Deutschland 2011: Zielsetzungen der Europäischen Union (EU-15 und EU-27) zur Minderung der Treibhausgas-Emissionen

[34] Umweltbundesamt Deutschland 2011: Zielsetzungen der Europäischen Union (EU-15 und EU-27) zur Minderung der Treibhausgas-Emissionen

Kriterien aufgeteilt. Deutschland hat sich dazu verpflichtet, seine THG-Emissionen außerhalb des Emissionshandelssektors um weitere 14% im Vergleich zu 2005 zu senken.

1.2.4 Deutsche Ziele nach 2012

Wie im vorherigen Kapitel dargestellt, müssen, aufgrund von Verpflichtung auf EU-Ebene, die deutschen Treibhausgasemissionen außerhalb der Sektoren, die am Zertifikatehandel teilnehmen, um mindestens 14% sinken. In ihrem aktuellen Energiekonzept, vom Herbst 2010, verlautbart die deutsche BUNDESREGIERUNG (2010) aber noch ehrgeizigere Ziele, wenngleich es sich dabei natürlich nicht um rechtsverbindliche Ziele, sondern um Absichtserklärungen handelt. Folgt man dem Energiekonzept, so sollen die deutschen THG-Emissionen 2020 in Summe (also inkl. des Emissionshandelssektors) um 40% unter jenen von 1990 liegen.[35] Danach sollen die Emissionen weiter sinken, wie folgende Tabelle darstellt:

Tabelle 1: geplanter Entwicklungspfad der deutschen Treibhausgasemissionen laut Energiekonzept

Jährliche Einsparung gegenüber 1990	**Jahr**
40%	2020
55%	2030
70%	2040
80% (bis mögl. 95%)	2050

Quelle: Eigendarstellung nach BUNDESREGIERUNG 2010: Energiekonzept S. 4

Um diese Reduktionsziele zu erreichen, definiert das Energiekonzept der Bundesregierung eine Reihe von Sub-Zielen, die bspw. den geplanten Anteil der erneuerbaren Energien am gesamten Endenergieverbrauch oder am Stromverbrauch betreffen. So sollen die Anteile der erneuerbaren Energieträger deutlich ausgebaut werden:

[35] Bundesregierung 2010: Energiekonzept S. 4

Tabelle 2: geplanter Entwicklungspfad der Anteile EE laut Energiekonzept

Anteile EE an:	Bruttoendenergieverbrauch	Bruttostromverbrauch
2020	18%	35%
2030	30%	50%
2040	45%	65%
2050	60%	80%

Quelle: Eigendarstellung nach BUNDESREGIERUNG 2010: Energiekonzept S. 4f.

Parallel dazu soll durch Steigerung von Energieeffizienz der Energiebedarf insgesamt gesenkt werden. So soll der gesamte Primärenergieverbrauch in Deutschland bis 2020 um 20% gegenüber 2008 sinken und um 50% bis 2050. Der Stromverbrauch soll bis 2020 um 10% und bis 2050 um 25% sinken.[36] Der Endenergieverbrauch im Verkehrssektor sollte, so wird angestrebt, bis 2020 um 10% und bis 2050 um 40% sinken, wobei hier das Jahr 2005 als Basis herangezogen wird. Die (energetische) Sanierungsrate von Gebäuden möchte die Bundesregierung auf jährlich 2% des Gebäudebestandes verdoppeln.[37]

Das Energiekonzept der Bundesregierung basiert auf den Berechnungen eines externen Gutachtens, welches für das Energiekonzept in Auftrag gegeben wurde.[38] In diesem Gutachten wurden unter Zugrundelegung bestimmter Annahmen verschiedene Szenarien durchgespielt, die unter anderem Auskunft über mögliche Entwicklungspfade der Treibhausgasemissionen, aufgegliedert nach einzelnen Sektoren[39], geben sollen. Insgesamt werden neun Szenarien dargestellt. Darunter ist ein sogenanntes Referenzszenario, das von der Annahme ausgeht, dass „die bisher angelegten Politiken in die Zukunft fortgeschrieben werden.“[40] Die übrigen acht Szenarien sind Zielszenarien, die von zusätzlichen Anstrengungen im Klimaschutz ausgehen und die Frage beantworten sollen: „Welche technischen Maßnahmen, die Energieverbrauch und Treibhausgasemissionen verringern, sind geeignet, um die [*Anm.*: von den Auftraggebern vorgegebenen[41]] Ziele zu erreichen?“[42] In den Werten, die

[36] Bundesregierung 2010: Energiekonzept S. 5

[37] Bundesregierung 2010: Energiekonzept S. 5

[38] Bundesregierung 2010: Energiekonzept S. 5

[39] Die Sektoren sind: 1. Private Haushalte, 2. Gewerbe, Handel und Dienstleistungen (kurz: GHD), 3. Industrie, 4. Verkehr und 5. Energiewirtschaft

[40] Schlesinger et al. 2010 S. 3

[41] Als Auftraggeber werden auf S. 1 BMWi und BMU gemeinsam genannt.

in diesen Szenarien für die zukünftigen THG-Emissionen, Energieverbräuche und andere Größen angegeben werden, sieht die Bundesregierung keine exakten Prognosen. Sie interpretiert die Szenarien aber als „Wegbeschreibung“ oder „Kompass“ bei der Erreichung bestimmter Ziele.[43] Aus diesem Grunde kann man durchaus davon ausgehen, dass die Zielszenarien als Richtschnur dafür dienen, welche Entwicklung der Emissionsmengen die Bundesregierung je nach Sektoren für die Zukunft anstrebt.

Aufgrund der unterschiedlichen Annahmen, die hinter den jeweiligen Szenarien stehen, unterscheiden sich auch die in den acht Zielszenarien für bestimmte Zeiträume prognostizierten Werte für die THG-Emissionen der einzelnen Sektoren.[44] Diese Unterschiede sind jedoch meist relativ gering, und vor allem die Endwerte für das Jahr 2050 unterscheiden sich in den einzelnen Szenarien kaum. Bildet man aus den geschätzten Emissionsmengen der acht Zielszenarien das arithmetische Mittel, so würde sich folgender Entwicklungspfad für die verbrennungsbedingten Treibhausgasemissionen in Deutschland ableiten:

Abbildung 4: Mögliche Entwicklung der verbrennungsbedingten THG-Emissionen in Deutschland nach den Energieszenarien für das Energiekonzept der Bundesregierung

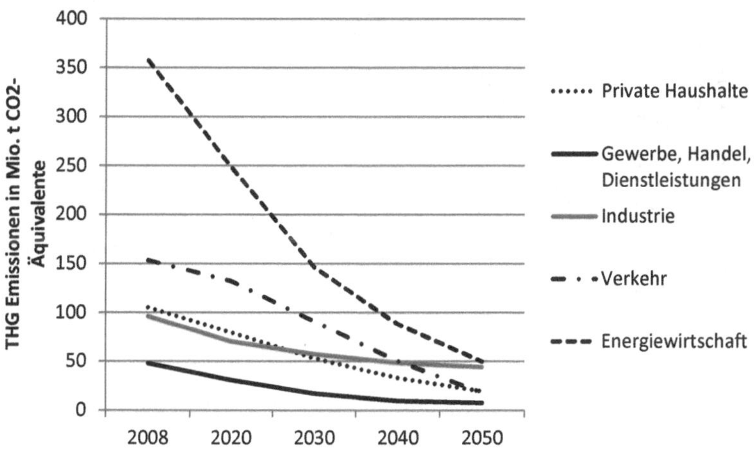

Quelle: Eigenberechnung und Eigendarstellung nach Schlesinger et al. 2010 S. A13 u. A14

42 Schlesinger et al. 2010 S. 2

43 Bundesregierung 2010: Energiekonzept S. 5

44 Vgl. Schlesinger et al. 2010 Tabellen auf S. A13 u. A14

Die obige Tabelle bezieht sich nur auf die verbrennungsbedingten THG-Emissionen. Um die Gesamtemissionen zu erhalten, müsste man noch sog. diffuse Emissionen hinzuzählen. Diese sind aber im Vergleich zu den verbrennungsbedingten Emissionen von derart geringem Umfang, dass sie in keinem der Szenarien mehr als 2% der Gesamtemissionen ausmachen.[45] Daher wurden sie bei der Erstellung der obigen Grafik beiseitegelassen.

Wie bereits ausgeführt verstehen sich die Szenarien nicht als exakte Prognose, sie vermitteln aber durchaus einen Eindruck davon, welche Emissionsentwicklung die Bundesregierung aktuell anstrebt. Wie man sieht, müsste die Energiewirtschaft in absoluten Werten die größte Treibhausgasreduktion erreichen. Sie wäre demnach auch 2050 noch immer der größte Emissionssektor, jedoch nur noch knapp vor der Industrie. Setzt man die Einsparungen der einzelnen Sektoren in Relation zu ihren Emissionsmengen im Jahr 2008, so ergibt sich folgendes Bild:

Abbildung 5: Relative THG-Einsparung der Sektoren im Vergleich zu 2008

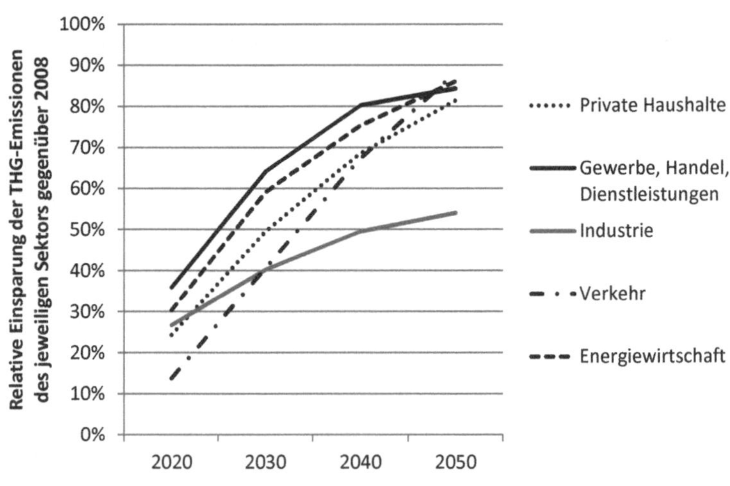

Quelle: Eigenberechnung und Eigendarstellung nach Schlesinger et al. 2010 S. A13 u. A14

Es fallen vor allem zwei Dinge besonders auf: zum einen, dass im Endstadium fast alle Sektoren zwischen 80% und 90% ihrer Treibhausgasemissionen von 2008 einsparen würden, mit lediglich einer Ausnahme, der Industrie. Im kurzfristigeren

45 Vgl. Schlesinger et al. 2010 Tabellen auf S. A13 u. A14

Zeithorizont bis 2020 müsste, den Energieszenarien folgend, die Industrie noch eine durchschnittliche Einsparungsleistung erbringen, bräuchte danach aber im Vergleich zu den anderen Sektoren ihre Emissionen nur noch unterdurchschnittlich zu reduzieren. Über die Gründe, warum die Industrie scheinbar weniger stark in die Verantwortung gezogen wird, kann vielfältig spekuliert werden. Eine mögliche Erklärung wäre, dass die Industrie bereits vor 2008 eine überdurchschnittliche Einsparungsleistung erbracht hat (vgl. dazu Abbildung 8 weiter unten). Genauso könnte man aber auch über geschickte Einflussnahme bestimmter Interessenverbände spekulieren. Diese Frage abschließend zu klären, würde, wenn es überhaupt möglich ist, den Rahmen dieser Arbeit sprengen. Daher werden die Emissionsentwicklungen in den Energieszenarien im Weiteren als gegeben hingenommen.

Zum anderen fällt, wenn man die obige Grafik genau betrachtet, auf, dass der Verkehrssektor im Endstadium 2050 zwar die größte relative Einsparungsleistung vollbringen soll, ihm im kurzfristigen Zeithorizont aber nur eine ziemlich geringe Einsparungsleistung abverlangt wird. Und dass obwohl der Verkehrssektor auch vor 2008 nur den geringsten Emissionsrückgang aller Sektoren verbuchen konnte:

Abbildung 6: Relativer Rückgang der THG-Emissionen der einzelnen Sektoren zwischen 1990 und 2008

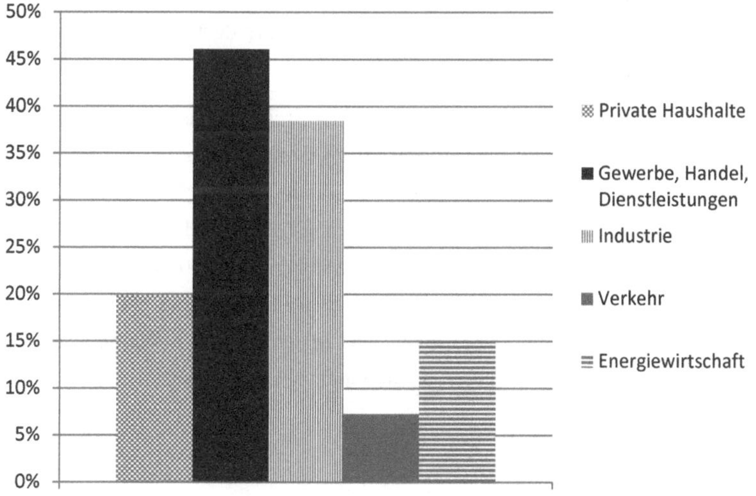

Quelle: Eigenberechnung und Eigendarstellung nach Schlesinger et al. 2010 S. A13

Auch hier kann über die Gründe spekuliert werden. Eine Erklärungsmöglichkeit wäre, dass technologische Veränderungen im Verkehrssektor einfach wesentlich länger benötigen als in den anderen Sektoren. Oder aber, dass die entsprechenden Technologien, auf die die Politik hofft, im Moment einfach noch nicht marktreif sind. Etwas böswillig könnte man aber auch vermuten, dass die hohe Einsparungsleistung des Verkehrssektors bis 2050 zwar ein frommer Wunsch ist, die Politik aber schlicht noch kein Konzept in Sicht hat, wie dieses Ziel erreicht werden soll. Dazu würde auch passen, dass im Energiekonzept der Bundesregierung dem Bereich Mobilität nur eine, verglichen mit anderen Bereichen, relativ kurze Passage gewidmet wurde. Und dass dort außer dem Ziel, bis 2020 eine Million Elektrofahrzeuge und bis 2030 sechs Millionen Elektrofahrzeuge auf die Straße zu bringen[46], nicht viel Konkretes genannt wird.

1.2.5 Zusammenfassung

Die ersten Versuche der deutschen Politik, den Energieverbrauch mit gesetzlichen Maßnahmen gezielt einzudämmen, reichen bis in die 70er Jahre zurück. Zwar standen am Anfang andere Ziele als der Klimaschutz im Fokus. Mit der Zeit wurde diesem Thema aber immer mehr Aufmerksamkeit zuteil. Spätestens seit der Verabschiedung des Kyoto-Protokolls im Jahr 1997 sind die deutschen Klimaschutzbemühungen klar in einen internationalen Kontext eingebunden. Besonders die Verpflichtungen auf EU-Ebene prägen heutzutage die deutsche Klimapolitik und geben den Zielen einen klaren Mindestumfang.

Zwischen 1990 und 2010 sanken die deutschen Treibhausgasemissionen um 24%. In der EU-27 sanken sie zwischen 1990 und 2009 immerhin um ca. 15,5%. Bis zum Jahr 2020 will die EU ihre THG-Emissionen mindestens um 20% unter das Niveau von 1990 senken. Die deutsche Bundesregierung hat sich selbst in ihrem Energiekonzept das Ziel gesteckt, die deutschen Emissionen bis 2020 um mindestens 40% unter den Wert von 1990 zu senken. Doch auf welche Art und Weise möchte die deutsche Bundespolitik dieses Ziel erreichen? In den folgenden Kapiteln sollen nun einige der Maßnahme, die ergriffen wurden und werden, näher betrachtet werden.

46 Bundesregierung 2010: Energiekonzept S. 30

2. Umweltpolitische Maßnahmen

Bevor man über die Rolle des Staates nachdenkt, die dieser bei der Senkung der Treibhausgasemissionen spielen kann und möglicherweise spielen sollte, muss man sich zunächst einmal ins Gedächtnis rufen, auf welche Art und Weise denn prinzipiell überhaupt Treibhausgase eingespart werden können. Im Prinzip lassen sich drei grundlegende Lösungsansätze definieren:[47]

- **Konsumänderungen:** Durch geändertes Konsumverhalten, insbesondere den Verzicht auf besonders energie- bzw. THG-intensive Güter, ließe sich der Ausstoß an Treibhausgasen mindern. Wer sich bspw. mit einem kleinen Haus begnügt, stößt ceteris paribus, d.h. insbesondere bei gleicher Dämmung der Gebäudehülle, gleicher Heizungsart und gleichem Heizverhalten, weniger Treibhausgase aus als jemand, der in einem großen Haus wohnt. Ganz ohne technologische Veränderungen.
- **Erhöhte Energieeffizienz:** Energieeffizienz ist ein weitreichender Begriff. Er bezieht sich letztlich immer auf ein Verhältnis

  $\eta = {}^{\text{Output}} / {}_{\text{Input}}$[48]

  Ein derartiges Verhältnis kann man als Wirkungsgrad oder Nutzungsgrad bezeichnen.[49] Wer bspw. ein sparsameres Auto fährt, stößt bei gleicher Wegstrecke weniger CO_2 aus als jemand mit einem weniger sparsamen Auto.
- **Umstieg auf CO_2-freie oder CO_2-neutrale Energieträger:** Mit Ausnahme der Atomenergie, die aus anderen Gründen stark in der Kritik steht und keineswegs als umweltfreundliche Energie gilt, sind dies jene Energieträger, die gemeinhin als regenerative Energien oder erneuerbare Energien bezeichnet werden.

Die Tatsache, dass sich letztlich alle Lösungsansätze zur Klimaproblematik auf diese drei Grundmuster zurückführen lassen, ist völlig unabhängig davon, ob der Staat nun aktiv ins Geschehen eingreift und versucht, gezielt das Verhalten seiner Bürger

---

47 Vgl. Wesselak & Schabbach 2009 Kap. 2 u. 3; vgl. isoplus.de: Umwelt

48 isoplus.de: Umwelt

49 Wesselak & Schabbach 2009, S. 35: Als Wirkungsgrad wird meist das Input-Output-Verhältnis im Nennbetriebspunkt einer Anlage bezeichnet. Ein Nutzungsgrad dagegen ist quasi ein durchschnittlicher Wirkungsgrad für ein bestimmtes Zeitintervall, z.B. ein Jahresnutzungsgrad, der auch schlechtere Wirkungsgrade beim Teillastbetrieb berücksichtigt.

zu ändern, oder nicht. Für den Ökonomen stellt sich im ersten Schritt nun die Frage, ob der Staat überhaupt eingreifen sollte. Es gibt durchaus Grund zu der Annahme, dass auch ohne staatliches Eingreifen die Individuen ihr Verhalten im Sinne der obigen drei Grundmuster ändern würden, man denke nur an die hohen Treibstoff- und Heizölpreise. Dennoch werden viele Ökonomen die Meinung teilen, dass die Klimaproblematik ein staatliches Handeln rechtfertigt, ja sogar notwendig macht. Das folgende Kapitel geht den Ursachen dafür auf den Grund und definiert, unter welchen Bedingungen ein Staatseingriff notwendig erscheint.

2.1 Staatseingriffe aus Sicht der Wohlfahrtsökonomik

Ökonomen mögen keine Verschwendung. Sie sind Freunde von Effizienz. Effizienz im Sinne der Wohlfahrtsökonomik bedeutet Pareto-Effizienz:

Pareto-optimal ist ein Zustand dann, wenn es nicht mehr möglich ist, jemanden besser zu stellen, ohne gleichzeitig jemand anderen schlechter zu stellen.

In sehr bildlichen Worten lässt sich das Pareto-Kriterium vielleicht folgendermaßen umschreiben: Der Kuchen, der gebacken wird, soll so groß sein, wie es mit den vorhandenen Zutaten maximal möglich ist. Solange dies nicht der Fall ist, wäre es möglich, jemandem ein größeres Stück zu geben, ohne jemand anderem dafür ein kleineres Stück geben zu müssen. Erst wenn der Kuchen die maximale Größe erreicht hat, weil die Zutaten so effizient eingesetzt werden, wie es nur geht, ist dies nicht mehr möglich. Neben der Forderung nach effizientem Ressourceneinsatz kommt in dieser bildlichen Beschreibung aber auch ein weiterer Grundsatz der wohlfahrtsökonomischen Analyse zum Ausdruck: Verteilungsfragen sind Werturteile, die sich gemeinhin der ökonomischen Analyse entziehen. Ökonomen können zwar durchaus Aussagen über die Verteilungswirkung bestimmter Maßnahmen (z.B. bestimmter Steuern) treffen, sie können aber nicht objektiv feststellen, welche mögliche Verteilung die „richtige" oder „gerechteste" ist.

Das Fehlen der Möglichkeit, unter verschiedenen pareto-optimalen Zuständen ein „Optimum Optimorum" auszuwählen[50], schwächt das Pareto-Kriterium natürlich etwas. Dennoch ist es ein äußerst nützliches Werkzeug, nicht zuletzt deshalb, weil es gelungen ist, zu zeigen, dass unter bestimmten Bedingungen ökonomische Effizienz und Verteilungsfragen voneinander getrennt behandelt werden können: Ein

[50] Fritsch et al. 2003, S. 45f.

mögliches und gewünschtes Pareto-Optimum (i.S. gewünschter Verteilung) kann durch eine entsprechende Ausgangsverteilung als Marktgleichgewicht dezentral erreicht werden, ohne dass man in den Prozess der Allokation von Ressourcen und Güter eingreift (insbesondere in den Prozess der Preisbildung auf Märkten). Diese Erkenntnis wurde als „Zweiter Hauptsatz der Wohlfahrtsökonomik bekannt".[51] Damit kann sich die ökonomische Analyse auf die Schaffung von Rahmenbedingungen für pareto-effiziente Zustände konzentrieren, unabhängig von der Ausgangsverteilung. Bei Verteilungsfragen kann man sich dagegen auf die Gestaltung der Anfangsausstattung der Individuen mit Ressourcen konzentrieren.

In komplexen arbeitsteiligen Gesellschaften ist die Erreichung eines Pareto-Optimums ein äußerst vielschichtiges Unterfangen. Es muss eine riesige Zahl an Ressourcen (von Naturkapital über Humankapital bis hin zu Finanzkapital) auf die Erzeugung von Millionen von Gütern aufgeteilt werden, um in weiterer Folge diese Güter, teils über Zwischenhändler, auf vielen verschiedenen Märkten Millionen oder Milliarden von Konsumenten zugänglich zu machen. Dabei ist ausdrücklich anzumerken, dass es nicht nur menschengemachte Güter gibt. Auch muss ein Gut längst nicht zwingend entgeltlich erworben werden. Eine unberührte Naturlandschaft, deren Anblick man genießen kann, ist im ökonomischen Sinne genauso ein „Gut", das konsumiert werden kann. Wann und unter welchen Bedingungen ist ein Zustand, der als Ergebnis eines solch komplexen Allokationsprozesses eintritt, pareto-optimal? Dafür müssen drei sog. Marginalbedingungen erfüllt sein.[52] Die erste Bedingung bezieht sich auf den Produktionsprozess:

„Die Allokation der Produktionsfaktoren auf die Produktion der Güter ist dann pareto-optimal, wenn die Grenzraten der Faktorsubstitution für sämtliche Güter identisch sind."[53]

Diese sehr abstrakte Formulierung lässt sich vielleicht folgendermaßen etwas plakativer umschreiben: Ein volkswirtschaftlicher Produktionsprozess läuft dann optimal, wenn sich die Wertschöpfung nicht mehr dadurch steigern lässt, dass man einen Produktionsfaktor (z.B. Personal/Humankapital) von der Produktion eines bestimmten Gutes an einem bestimmten Ort (z.B. in einem bestimmten Unternehmen) abzieht und ihn einer anderen Produktion zuführt.

---

[51] Vgl. bspw. Gabler 1988: Hauptsätze der Wohlfahrtstheorie

[52] Fritsch et al. 2003, S. 29-44, vgl. auch Häder 1997, S. 8

[53] Fritsch et al. 2003, S. 31

Die zweite Marginalbedingung bezieht sich auf den Tauschprozess, quasi den Handel mit Gütern:

> *„Die Aufteilung zweier Güter auf zwei Individuen ist dann pareto-optimal, wenn die Grenzraten der Gütersubstitution für sämtliche Individuen gleich sind."*[54]

Auch diese abstrakte Formulierung lässt sich etwas bildlicher beschreiben. Man nehme zwei Güter, bspw. Apfelsaft und Apfelmus. Jedes Individuum wird für sich definieren können, wie viel Apfelsaft es bekommen müsste, um im Gegenzug freiwillig auf 1 kg Apfelmus zu verzichten. Das Austauschverhältnis (x:y), bei dem es dem Individuum gerade egal ist, ob es die Menge x an Apfelmus behält oder y an Apfelsaft bekommt, nennt man Grenzrate der Gütersubstitution. Das heißt, die entsprechenden Mengen x und y an Apfelmus und Apfelsaft stiften ihm gerade den gleichen Grenznutzen.[55] Wie hoch dieses Verhältnis ist, hängt einerseits von den Präferenzen des Einzelnen ab, aber auch von der aktuellen Ausstattung mit Gütern. Unter Standardannahmen geht man von abnehmendem Grenznutzen aus: Je mehr ein Individuum von einem Gut besitzt (also bspw. Apfelmus), desto geringer wird der Grenznutzen dieses Gutes für den Einzelnen. Dass heißt, er ist eher bereit, auf eine bestimmte Menge dieses Gutes zu verzichten, um eine bestimmte Menge eines anderen Gutes (z.B. Apfelsaft) zu bekommen. Solange die Grenzrate der Gütersubstitution zweier Individuen unterschiedlich ist, macht es für sie Sinn, Güter zu tauschen (zu handeln). Der Tausch verändert dann die Ausstattung der Individuen mit (Konsum-)Gütern und damit auch die individuellen Grenzraten der Substitution. Ein Optimum im Tauschprozess ist dann erreicht, wenn die Grenzraten bei allen Akteuren gleich sind.

Die dritte Marginalbedingung bezieht sich auf ein simultanes Optimum im Produktions- und Tauschprozess:

> *„Ein simultanes Tausch- und Produktionsoptimum liegt dann vor, wenn die Grenzrate der Transformation gleich der Grenzrate der Gütersubstitution ist."*[56]

Die Grenzrate der Gütersubstitution ist aus der zweiten Marginalbedingung bekannt und muss im Falle eines Tauschoptimums für alle Individuen gleich sein. Die

---

54 Fritsch et al. 2003, S. 34

55 Grenznutzen: um wie viel erhöht sich der Nutzen des Individuums, wenn es eine marginale Einheit mehr des betreffenden Gutes erhält?

56 Fritsch et al. 2003, S. 41

Grenzrate der Transformation bezieht sich auf die erste Marginalbedingung: Im Falle eines optimalen Produktionsprozesses gibt die Grenzrate der Transformation an, um wie viel die Produktion eines Gutes sinken muss, um die Produktion eines anderen Gutes erhöhen zu können (also bspw. um wie viel weniger Apfelmus produziert werden kann, wenn man einen Liter mehr Apfelsaft produzieren will). Entspricht diese Austauschrate gerade dem Austauschverhältnis der Güter im Tauschoptimum, ist es endgültig nicht mehr möglich, ein Individuum besser zu stellen, ohne ein anderes schlechter stellen zu müssen. Die Volkswirtschaft befindet sich in einem Pareto-Optimum.

Die drei obigen Marginalbedingungen stellen noch keineswegs eine Vorentscheidung dar, auf welche Art und Weise die Allokation knapper Ressourcen stattfinden soll, ob bspw. über Marktprozesse oder durch einen zentralen Planer. Rein denkmöglich wäre es auch, dass ein zentraler Planer eine Volkswirtschaft organisiert und dabei einen effizienten, d.h. pareto-optimalen Zustand erreicht. Allerdings wäre sein Informationsbedarf dafür gigantisch. Er müsste bspw. die Produktionsfunktionen sämtlicher Güter kennen. Weiters bräuchte er präzise Informationen über die Nutzenfunktion sämtlicher Individuen, um die individuellen Grenzraten der Gütersubstitution ermitteln zu können. Erst dann könnte er die Güter optimal den Individuen zuweisen. Die erste Voraussetzung, Kenntnis über die Produktionsfunktionen, könnte für sehr einfache Volkswirtschaften mit wenigen Produkten vielleicht noch möglich sein. Aber selbst dies dürfte schon schwierig werden, vor allem, wenn man dynamische Aspekte mit berücksichtigt, d.h. die Veränderung der Produktionsfunktionen im Laufe der Zeit durch technischen Fortschritt. Spätestens die zweite genannte Voraussetzung, die Kenntnis der individuellen Grenzraten der Gütersubstitution, dürfte weitgehend unmöglich sein. Nicht zuletzt die zahlreichen gescheiterten Versuche, in kommunistischen Ländern Volkswirtschaften genau auf einer derartigen zentralen Planung aufzubauen, mit dem Ziel, dabei das Gemeinwohl zu maximieren, zeigen, wie schwierig ein solches Unterfangen ist. Es spricht einiges dafür, dass die Allokation über Märkte, auf denen freie Individuen nach ihren eigenen Vorstellungen (individuell rational) handeln, effizienter ist, mehr Wohlfahrt und damit auch Wohlstand generiert.

Dies bedeutet jedoch keineswegs, dass sich der Staat prinzipiell aus der Ressourcenallokation heraushalten sollte. Es kann zwar gezeigt werden, dass Marktprozesse unter bestimmten Annahmen (im Idealfall: vollständige Konkurrenz) zu einem

Pareto-Optimum führen.[57] In diesen Fällen sollte sich der Staat tatsächlich nur auf die Schaffung von Rahmenbedingungen für das Funktionieren der Märkte konzentrieren, bspw. dafür Sorge tragen, dass Verträge durchgesetzt werden können. Sind jedoch die Annahmen verletzt, kann es zum Marktversagen kommen. In solchen Fällen kann individuell rationales Verhalten (welches auf Märkten unterstellt wird) zu kollektiver Irrationalität führen. [58]

2.1.1 Marktversagen und das Problem externer Effekte

Wie im vorherigen Abschnitt erwähnt, kann es unter bestimmten Bedingungen zum Marktversagen kommen, was wiederum einen Eingriff des Staates notwendig machen kann. Dafür kann es eine Reihe von Ursachen geben, bspw. Informationsmängel oder natürliche Monopole.[59] Im Zusammenhang mit der Klimaproblematik besonders relevant ist das Problem sog. *externer Effekte*. Ein externer Effekt (auch Externalität genannt) lässt sich folgendermaßen charakterisieren:

Effekte, die den Nutzen[60] eines Akteurs beeinflussen, aber außerhalb seiner Einflussphäre liegen, also von jemand anderem kontrolliert werden.[61]

Diese Definition ist sehr weitgefasst, und es ließen sich wahrscheinlich fast unendlich viele Beispiele der folgenden Art finden: Wollen viele Leute ein bestimmtes Haus kaufen, an dem auch ich Interesse habe, so wird vermutlich der Preis steigen, was mein persönliches Nutzenniveau beeinflusst. Bei vielen Beispielen wie dem vorher genannten handelt es sich um sog. *pekuniäre externe Effekte*: Das Verhalten von Marktteilnehmern beeinflusst die Preise auf den Güter- und Faktormärkten.[62] Dies kann unter Umständen zu sozialen Verteilungsproblemen führen, ist aber aus Sicht der Pareto-Effizienz kein Problem. Die geänderten Preise sind nur Ausdruck der Knappheitsrelationen der Güter und Produktionsfaktoren.[63]

Anders sieht es bei sog. *technologischen externen Effekten* aus. Bei ihnen „besteht ein *direkter Zusammenhang* zwischen den Gewinn- bzw. Nutzenfunktionen mehrerer Akteure (Individuen bzw. Unternehmen), der *nicht durch den Marktmechanis-*

---

57 Vgl. bspw. Fritsch et al. 2003, S. 47-51 und Häder 1997, S. 9

58 Blankart 2003, S.59

59 Vgl. Fritsch et al. 2003, S. 82

60 Im Falle von Produzenten könnte man auch von Gewinn sprechen.

61 Angelehnt an: Weimann 1995, S. 29f. und Fritsch et al. 2003, S. 90

62 Fritsch et al. 2003, S. 91 u. Faucheux & Noël 2001, 274f.

63 Fritsch et al. 2003, S. 91, vgl. auch Faucheux & Noël 2001, 274f.

mus erfasst und – etwa in Form einer preislichen Kompensation – *ausgeglichen wird*"[64]. Derartige externe Effekte führen dazu, dass die sozialen Kosten und Erträge von den privaten abweichen.[65]

Dies lässt sich an einem einfachen Beispiel verdeutlichen: Fährt jemand mit seinem Auto von Innsbruck nach München, so fallen bei ihm private Kosten an, in Form von Kraftstoff und Abnutzung des Autos. Sozial, d.h. gesamtgesellschaftlich gesehen, fallen aber noch mehr Kosten an. Der Autofahrer emittiert bspw. Lärm, was die Anwohner der Autobahn schädigt, und er trägt zum Klimawandel bei, womit er bspw. Skilift-Betreiber und Landwirte in aller Welt schädigt. Wenn der Autofahrer nun überlegt, ob die Fahrt nach München die Kosten wert ist, wird er vermutlich aber nur seine privaten Kosten berücksichtigen, nicht aber die zusätzlichen *externen Kosten*. Und in der Folge wird mehr Auto gefahren, als es pareto-optimal wäre. In diesem Beispiel handelt es sich um einen *negativen externen Effekt*.

Es gibt aber auch *positive externe Effekte*. Ein klassisches Beispiel aus dem Alpenraum stellt die Almwirtschaft dar. Die Almwirtschaft generiert neben den privaten Erträgen für den Bauern (in Form landwirtschaftlicher Produkte) auch einen externen Zusatznutzen in Form einer schönen Landschaft. Diese kann von Einheimischen kostenlos konsumiert werden, kann aber auch Touristen anziehen. Man spricht hier von einem *positiven externen Effekt*. Für den daraus entstehenden Nutzen enthält der Bauer aber keine marktliche Kompensation. Ohne einen geeigneten Kompensationsmechanismus wird die Almwirtschaft daher zu früh aufgegeben, nämlich wenn die privaten Erträge die privaten Kosten nicht mehr decken. Aus Sicht des Pareto-Kriteriums sollte die Almwirtschaft aber betrieben werden, solange die sozialen (gesamtwirtschaftlichen) Erträge die sozialen Kosten übersteigen.

In der Klimaproblematik haben wir es mit einem Spezialfall externer Effekte zu tun: der Tragik von Allmendegütern (Gemeineigentum). Das nächste Kapitel erläutert dieses Phänomen und seinen Zusammenhang mit der Treibhausgaskonzentration in der Atmosphäre näher.

---

[64] Fritsch et al. 2003, S. 91

[65] Weck-Hannemann 1992, S. 25

2.1.2 Die Atmosphäre als Allmendegut

Ausgehend von zwei Merkmalen, der Anwendbarkeit des Ausschlussprinzips und der Rivalität im Konsum (oder allgemeiner: in der Nutzung), lassen sich vier Kategorien von Gütern ableiten:

Tabelle 3: Charakter von Allmende-Gütern

		Ausschlussprinzip anwendbar? ja	Ausschlussprinzip anwendbar? nein
Rivalität in der Nutzung?	ja	Privates Gut	**Allmendegut**
	nein	Club-Gut	Öffentliches Gut

Quelle: Eigendarstellung

Wie man sieht, sind Allmendegüter dadurch gekennzeichnet, dass der Ausschluss Einzelner von der Nutzung, anders als bei privaten Gütern, nicht möglich ist (Gemeineigentum). Im Gegensatz zu reinen öffentlichen Gütern besteht aber sehr wohl Konkurrenz bei der Nutzung der Güter. Der Begriff Allmende kommt ursprünglich aus der Landwirtschaft. Er leitet sich vom mittelhochdeutschen „algemeinde" ab und bezog sich bspw. auf gemeinschaftlich genutzte Weiden.[66]

Findet keine Anwendung des Ausschlussprinzips statt, darf also jeder so viel Vieh auf die Gemeinschaftsweide auftreiben, wie er will, so kann man sich leicht vorstellen, dass es zu einer Übernutzung der Gemeinschaftsweide kommt. Anhand eines Beispiels und mithilfe weniger Formeln lässt sich das Problem recht anschaulich darstellen. Dabei geht es an dieser Stelle nicht darum, möglichst realistisch die Erlös- und Kostenfunktion eines Bauern abzubilden, sondern darum, das Prinzip herauszuarbeiten, auf das es hier ankommt.

Beispiel: Die richtige Anzahl an Kühen

Effizient ist es, genau so viele Kühe aufzutreiben, dass die Grenzkosten[67] der letzten Kuh genau dem Grenznutzen[68] dieser Kuh entsprechen. Wären die Grenzkosten einer weiteren Kuh niedriger als der Grenznutzen, den diese stif-

[66] Horn 2011

[67] Die marginale Kostenerhöhung durch eine zusätzliche Kuh.

[68] Die marginale Nutzenerhöhung durch eine zusätzliche Kuh.

ten würde, wäre es sinnvoll, weitere Kühe aufzutreiben. Der Gesamtnutzen (für wen auch immer, der Verteilungsaspekt wird ausgeklammert) ließe sich dadurch steigern. Erst wenn gilt: Grenzkosten = Grenznutzen, ist dies nicht mehr möglich. Die Kosten- und Nutzenfunktion eines Landwirtes stelle sich nun folgendermaßen dar:

a. Nutzen

Nutzen = Milcherlös

Grenznutzen = zusätzliche Milchleistung der letzten Kuh (Grenzmilcherlös)

Dabei treffen wir die durchaus realistische Annahme, dass der Grenzmilcherlös einer weiteren Kuh mit steigender Anzahl der Kühe, die bereits auf der Weide stehen, immer geringer wird, da ja immer weniger Futter für die einzelne Kuh vorhanden ist. Graphisch ausgedrückt:

Abbildung 7: Grenznutzen einer Kuh

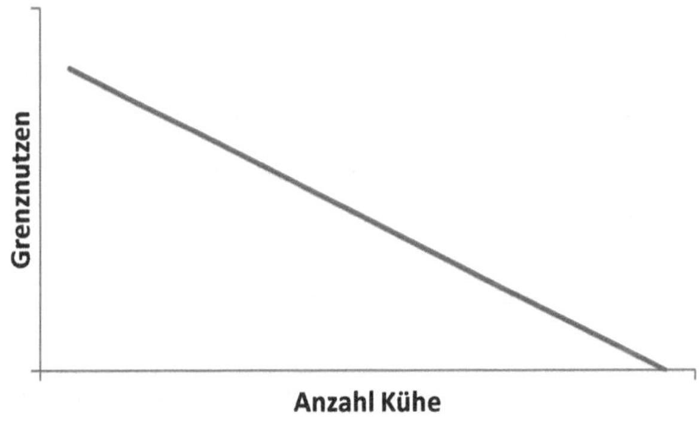

Quelle: Eigendarstellung

Weiters sei angenommen, dass es keine positiven externen Effekte gibt, der individuelle (private) Grenznutzen also gleich dem sozialen (gesamtgesellschaftlichen) ist.

b. Kosten

Bezüglich der Kostenfunktion sei folgende Annahme getroffen:

*Kosten = Anzahl der Kühe * [Anschaffungskosten einer Kuh (x) + Schadensterm einer Kuh (y)]*

Besonders relevant an dieser Stelle ist der Schadensterm y. Er soll an dieser Stelle quasi einen negativen externen Effekt einer einzelnen Kuh auf die anderen Kühe (und deren Besitzer) ausdrücken. Man könnte bspw. argumentieren, dass eine zusätzliche Kuh die Futtermenge reduziert, die durchschnittlich pro Kuh auf der Weide zur Verfügung steht. Dadurch geht nicht nur der Grenzmilcherlös einer zusätzlichen Kuh immer weiter zurück (siehe Punkt a. Nutzen), sondern auch die durchschnittliche Milchleistung der übrigen Kühe, es sei denn, die Besitzer kaufen extern Futtermittel für ihre Kühe zu. Diesen Zusammenhang mit einem linearen Schadensterm auszudrücken, ist eine sehr starke Vereinfachung, für die Darstellung des grundlegenden Problems, um das es hier geht, ist sie aber zulässig. Die Grenzkosten ergeben sich dann als:

$$Grenzkosten = {}^{\Delta\,Kosten}/_{\Delta\,Zahl\,der\,Kühe} = x + y$$

Aufgrund der vorgenommenen Vereinfachungen ergeben sich in diesem Beispiel gleichbleibende Grenzkosten. In der Realität hätte man es vielleicht eher mit zunehmenden Grenzkosten bei steigender Kuhzahl zu tun. Am prinzipiellen Problem ändert sich dadurch aber nichts.

c. Anzahl der Kühe auf privater Weide

Hat ein Landwirt das alleinige Recht, Kühe auf eine bestimmte Weide aufzutreiben (es ist sein Privatweide) so wird er rationalerweise genau so viele Kühe auftreiben, bis gilt:

Grenzkosten = Grenznutzen

Abbildung 8: Entscheidungssituation bei privater Weide

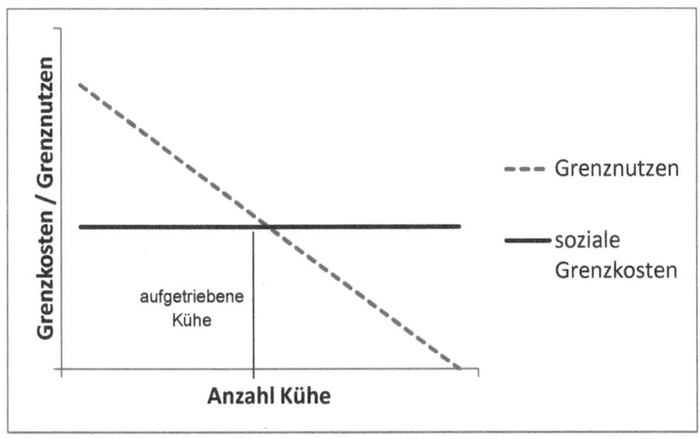

Quelle: Eigendarstellung

Da sämtliche Kühe auf der Weide dem Bauern selbst gehören, hat er auch die Kosten des Schadensterms y vollständig selber zu tragen (der Schadensterm ist vollständig internalisiert). Wenn wir annehmen, dass es keine weiteren negativen externen Effekte gibt, so sind in diesem Falle die individuellen (bzw. privaten) Grenzkosten gleichzusetzen mit den sozialen (gesamtgesellschaftlichen) Grenzkosten. Treibt der Bauer in diesem Fall also genau so viele Kühe auf, bis seine privaten Grenzkosten dem privaten Grenznutzen entsprechen, so entsprechen gleichzeitig die sozialen Grenzkosten dem sozialen Grenznutzen. Die Zahl der aufgetriebenen Kühe ist pareto-optimal.

d. Anzahl der Kühe auf einer Allmende

Wenn es auf einer Allmende keine Nutzungsbeschränkungen für den einzelnen Landwirt gibt, ändert sich die Entscheidungsgrundlage aus Sicht des Einzelnen deutlich. Der Unterschied liegt im Schadensterm y. Dieser soll ausdrücken, dass jede neue Kuh der bestehenden Herde einen gewissen „Schaden“ zufügt, z.B. durch die Platz- und Futtermittelkonkurrenz. Im Gegensatz zum vorherigen Beispiel muss der Bauer, der erwägt, eine weitere Kuh auf die Weide aufzutreiben, diesen Schaden aber nicht vollständig selber tragen, da ihm ja nur ein Teil der Herde gehört. Wenn er eine weitere Kuh auf die Weide treibt, muss er nur jenen Anteil am zusätzlichen Schaden y tragen, der dem

Anteil seiner eigenen Tiere an der gesamten Herde entspricht (der Rest wird externalisiert). Im Extremfall, wenn es sehr viele Nutzer der Allmende gibt, tendiert dieser Anteil gegen null. Handelt der Landwirt eigennutzmaximierend, so kann er den Schadensterm y in diesem Fall bei der Planung seines eigenen Handelns vernachlässigen. Seine Grenzkostenfunktion vereinfacht sich zu

$$Grenzkosten = x.$$

Diese Vereinfachung gilt nicht nur für einen bestimmten Bauern, sondern für alle, die ihre Kühe auf die Gemeinschaftsweide treiben. Im Extremfall berücksichtigt niemand mehr den sozialen Schadensterm y. Die Anzahl der aufgetriebenen Kühe wird dadurch deutlich steigen:

Abbildung 9: Entscheidungssituation bei Almende

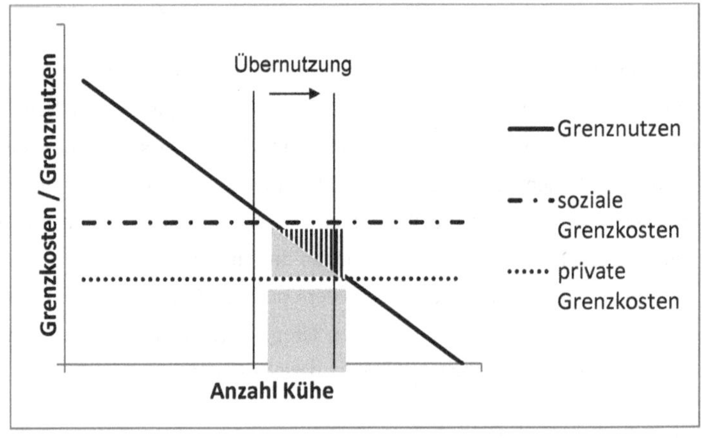

Quelle: Eigendarstellung

Das graue Trapez und das schraffierte Dreieck zusammen markieren den Anstieg der Gesamtkosten für die Gemeinschaft, der durch den Auftrieb der zusätzlichen Kühe über das Pareto-Optimum hinaus entsteht. Das graue Trapez ist jener Teil des Kostenanstiegs, der durch den zusätzlichen Milcherlös gedeckt ist. Das gelbe Dreieck dagegen markiert jenen Teil des Kostenanstiegs, der nicht mehr gedeckt ist, und stellt den Wohlfahrtsverlust dar, der der Gemeinschaft durch die Übernutzung entsteht.

Auf den ersten Blick mag das Ergebnis paradox wirken: alle Landwirte sind vom externen Schaden y betroffen, und in Summe sogar sehr massiv, aber niemand beachtet ihn bei seiner individuellen Entscheidung. Das Rätsel löst sich aber schnell, wenn man sich ins Gedächtnis ruft, dass der einzelne Akteur ja nur jenen Schaden in sein Handlungskalkül mit einbeziehen kann, den er sich selbst durch sein eigenes Handeln zufügt. Und dieser Schaden tendiert im Extremfall gegen null. Dass er insgesamt durchaus beträchtlichen Schaden erleiden kann, liegt daran, dass auch alle anderen Landwirte ihre Kühe auf die Gemeinschaftsweide treiben und den Schaden für die Gemeinschaft vernachlässigen. Nur das liegt eben außerhalb der Einflusssphäre des einzelnen Bauern. In Summe könnten sich alle besser stellen, wenn sie vereinbaren, die Anzahl der Kühe auf der Allmende zu begrenzen. Solange eine derartige Begrenzung aber nicht rechtsverbindlich ist, hat der Einzelne immer einen Anreiz, als Trittbrettfahrer zu agieren und aus der Vereinbarung auszuscheren.

Die aus diesem Beispiel gewonnene Erkenntnis bedeutet jedoch keineswegs, dass eine Allmende prinzipiell zum Scheitern verurteilt ist. Die Lösung muss auch nicht unbedingt in der Verwaltung des Gemeineigentums durch eine Zentralinstanz liegen (z.B. Staat). Oft haben sich in der Vergangenheit zwischen den betroffenen Personen dezentral individuelle Nutzungsregeln etabliert, die das Problem lösten.[69] In der europäischen Geschichte hat die Allmende eine lange Tradition und war Jahrhunderte lang sehr erfolgreich.[70] Man erkannte früh, dass es verbindliche Nutzungsregeln braucht, die das Nutzungsrecht am Gemeinschaftseigentum zumindest zum Teil quasi privatisieren. Eine Form derartiger Nutzungsregeln bspw. bestand darin, dass die Nutzung eben doch nicht jedem, sondern nur „erbberechtigten Nachkommen der alteingesessenen Bauern vorbehalten" war.[71] Dadurch wurde ein Anreiz geschaffen, langfristigen Raubbau an den natürlichen Ressourcen zu verhindern. Seit dem 15 Jahrhundert sind schriftliche Überlieferungen von detaillierten Nutzungsregeln bekannt.[72] So bestimmte bspw. die Dorfgemeinschaft, wer Vieh auftreiben durfte, wie viel Stück er auftreiben durfte und wann aufgetrieben werden

69 Vgl. Ostrom 2009, Dietz et al. 2003

70 Horn 2011

71 Horn 2011

72 Horn 2011

durfte.[73] Heutzutage funktionieren noch viele Almen nach diesem Prinzip. Auch außerhalb Europas finden sich viele Beispiele für die erfolgreiche Selbstverwaltung von Allmendegütern durch die Nutzer.[74]

Was aber haben Gemeinschaftsweiden mit der modernen Klimaproblematik zu tun? Sehr viel, da man auch in der Atmosphäre ein Allmendegut sehen kann. Die Atmosphäre besitzt neben vielen anderen lebenswichtigen Eigenschaften auch die Fähigkeit, eine gewisse Menge an Treibhausgasen aufzunehmen und in den Stoffkreislauf zurückzuführen. Die Verbrennung von Holz ist bspw. zwingend mit dem Ausstoß von CO_2 verbunden. Wenn das Holz aber aus nachhaltiger Forstwirtschaft stammt, also nur jährlich maximal so viel Holz geschlagen wird, wie auch nachwächst, dann ist dieser CO_2-Ausstoß nur Teil eines natürlichen Kreislaufes. Über die Atmosphäre nehmen die wachsenden Bäume CO_2 auf und binden den Kohlenstoff wieder. Die CO_2-Konzentration in der Luft erhöht sich dadurch nicht. Anders sieht es aus, wenn man die fossilen Kohlenstofflager angreift. Zwar haben auch fossile Energieträger rein rechnerisch eine jährliche Neubildungsrate. Aufgrund der extrem langen Zeithorizonte bei ihrer Entstehung ist diese aber sehr gering. Die jährlichen Fördermengen an Öl, Kohle und Gas sind dafür viel zu hoch. Die CO_2-Konzentration in der Atmosphäre steigt immer weiter. Etwas allgemeiner formuliert, lässt sich das Problem folgendermaßen umreißen:

Die Fähigkeit der Erdatmosphäre als Senke für Treibhausgase zu fungieren ist eine weltumspannende Allmende. Aufgrund fehlender Nutzungsregeln besteht ein starker Anreiz diese zu übernutzen, was auch aktuell geschieht.

Wie das Beispiel mit der Gemeinschaftsweide gezeigt hat, wird die Gefahr der Übernutzung dann besonders groß, wenn der Einzelne den negativen externen Effekt, der aus seinem eigenen Handeln resultiert, kaum spürt. Dies macht die Klimaproblematik besonders brisant, da der Beitrag des einzelnen Erdenbewohners zu den weltweiten THG-Emissionen so gering ist, dass er nicht ins Gewicht fällt. Das Problem entsteht erst dadurch, dass Milliarden von Menschen die Emissionen verursachen.

Um das Problem der Übernutzung der Erdatmosphäre zu lösen, bedarf es also Nutzungsregeln ähnlich jenen der mittelalterlichen Allmende. Die interessante Frage

[73] Horn 2011

[74] Vgl. Ostrom 2009

ist, ob es eines staatlichen Eingreifens bedarf, damit solche Nutzungsregeln auch entstehen. Wie weiter oben bereits erwähnt, war es in der Geschichte vielfach möglich, dass sich solche Regeln zwischen den Betroffenen dezentral etablierten, ohne dass eine Zentralinstanz eingreifen musste. Die Nobelpreisträgerin ELINOR OSTROM hat sich intensiv mit der Frage auseinandergesetzt, wie Gemeinschaftseigentum erfolgreich verwaltet werden kann. Sie kam dabei nicht nur zu der Erkenntnis, dass sich in vielen Fällen lokale Institutionen durch Selbstorganisation der Betroffenen gebildet haben, die sehr erfolgreich Ressourcen im Gemeinschaftseigentum verwalten konnten. Vielmehr war sie sogar der Meinung, dass solche Institutionen bisweilen durch externes Eingreifen (bspw. einer Zentralregierung) bedroht sind oder sogar zerstört wurden.[75] Die Frage ist nun, unter welchen Bedingungen man erwarten kann, dass sich eine solche Selbstorganisation bildet. In diesen Fällen, sollte sich staatliches Handeln darauf konzentrieren, eine derartige Selbstorganisation zu fördern, anstatt fertig definierte Nutzungsregeln zu erlassen. Nach DIETZ, OSTROM & STERN (2003) lassen sich Nutzungsregeln für Gemeinschaftseigentum dann besonders leicht etablieren, wenn

a. die Nutzung der Ressource gut beobachtet werden kann,
b. die Veränderung der Rahmenbedingungen (z.B. Bevölkerungswachstum, technologischer Wandel etc.) relativ langsam ablaufen,
c. die Nutzergruppe sozial gut vernetzt ist und viel persönliche Kommunikation stattfindet,
d. potenzielle Nutzer der Ressource, die nicht zum sozialen Netzwerk gehören, ausgeschlossen werden können und
e. die Nutzer hinter einer Überwachung und Durchsetzung der Regeln stehen.

Es ist keineswegs notwendig, dass alle diese Bedingungen erfüllt sind. Dann hätten nur sehr wenige erfolgreiche Selbstveraltungssysteme entstehen können. Die Autoren sagen selbst, dass es auf der Welt nur wenige Situationen gibt, in denen diese Bedingungen wirklich erfüllt sind.[76]

---

75 Ostrom 1994, S. 2. Eine solche Zerstörung passierte nach Ostrom (1994) in vielen Fällen auch völlig unbeabsichtigt durch Handlungen, die eigentlich in guter Absicht (z.B. durch NGOs) erfolgten.

76 Dietz et al. 2003

Wenn jedoch das vorliegende Problem sehr weit davon entfernt ist, die Bedingungen zu erfüllen, so kann man durchaus davon ausgehen, dass eine Selbstorganisation der Betroffenen schwierig wird. Im Falle des Klimawandels als globales Problem dürfte eine Selbstorganisation von vielen Milliarden Menschen sehr schwierig und unwahrscheinlich sein. Daher erscheint im Falle der Klimaproblematik ein staatliches Eingreifen durchaus geboten. Dies bedeutet nicht, dass man dabei das Potenzial lokaler Lösung in Selbstverwaltung außer Acht lassen sollte. Es wäre bspw. denkbar, dass der Staat einer Gemeinschaft eine Emissionsobergrenze vorgibt, die Regelung, wie dieses „Budget“ eingehalten, aber der lokalen Gemeinschaft überlässt. Auf nationaler oder internationaler Ebene wird aber wohl staatliches Handeln notwendig sein.

Die Deckelung der Treibhausgasemissionen muss, aus Sicht des Autors dieser Studie, im Moment auf mindestens zwei Ebenen ansetzen:

- Im ersten Schritt müssen sich die Staaten der Weltgemeinschaft darauf einigen, wie sie die Menge an THG-Emissionen, die für die Atmosphäre dauerhaft tragbar ist, unter sich aufteilen.
- Im zweiten Schritt müssen die einzelnen Staaten dann Verfahren finden, um sicherzustellen, dass ihre Bürger in Summe auch nicht mehr Treibhausgase emittieren, als dem Staat zugebilligt wurde.

Diese Trennung in zwei Ebenen wäre keineswegs prinzipiell notwendig. Genauso denkbar wären bspw. weltumspannende Lösungen, die keinen Unterschied zwischen Staaten machen. So könnte z.B. jedem Menschen das Recht zugebilligt werden, maximal eine bestimmte Menge an Treibhausgasemissionen zu verursachen, unabhängig davon, in welchem Land der Betreffende wohnt. Auch könnte dieses Emissionsrecht handelbar gemacht werden. Dann würde allen Menschen jährlich die gleiche Zahl an Emissionszertifikaten zugeteilt werden. Solche Lösungen sind zwar denkmöglich erscheinen für den kurzfristigen Horizont aber eher unwahrscheinlich. Im Moment wird man wohl noch nicht um eine Aufteilung der Emissionen auf Staatenebene im ersten Schritt herumkommen. Und auch das ist schon schwierig genug, wie die zähen Verhandlungen um ein Nachfolgeabkommen für Kyoto zeigen.

Die Frage, wie die Weltpolitik ein Nachfolgeabkommen für Kyoto zustande bringen kann oder wie sonst die Aufteilung der Emissionen auf zwischenstaatlicher

Ebene funktionieren kann, ist nicht der Fokus dieser Arbeit.[77] Der Fokus liegt auf der zweiten oben genannten Ebene. Nämlich in der Analyse der Instrumente, mit denen die Bundesrepublik Deutschland versucht, sicherzustellen, dass die nationalen Emissionsziele, zu denen sie sich verpflichtet hat bzw. die sie als Ziel ausgegeben hat, erreicht werden.

2.1.3 Umweltpolitische Standardinstrumente

Welche Instrumente stehen dem Staat nun grundsätzlich zur Verfügung, in Fällen von Marktversagen eingreifen zu können? In folgender Aufzählung werden, dem Untersuchungsgegenstand dieser Arbeit entsprechend, nur jene Instrumente gelistet, mit denen es prinzipiell möglich sein könnte, den Ausstoß an Treibhausgasen zu reduzieren. Andere Standard-Instrumente, wie die staatliche Bereitstellung öffentlicher Güter (z.B. Schulbildung), die im Falle anderer Problemfelder, bei denen individuelle und kollektive Rationalität auseinanderfallen, durchaus sinnvoll sein können, aber wenig Anknüpfungspunkte zur Treibhausgas-Problematik haben, wurden hier aussortiert. Es bleiben übrig:[78]

- **Moralische Appelle:** Sie sind sicherlich das einfachste und weichste Instrument, mit dem man versuchen kann, Verhaltensänderungen herbeizuführen. Es wäre auch sicherlich falsch, moralische Appelle von vornherein als wirkungslos abzutun. Bei einigen Personen können sie mit Sicherheit Wirkung zeigen. Aufgrund der Vielschichtigkeit des Klimaproblems und vor allem aufgrund der riesigen Zahl der THG-Emittenten erscheint es aber relativ unwahrscheinlich mit moralischen Appellen einen Durchbruch zu schaffen.
- **Umweltauflagen:** Damit sind an dieser Stelle gesetzliche Gebote und Verbote gemeint. Die Vorschrift in Neubauten Wärmeschutzverglasung einzubauen, wäre ein klassisches Beispiel. Weitere denkbare Beispiele wären autofreie Sonntage oder ein Verbot von Autos, deren Verbrauch eine Obergrenze übersteigt.
- **Lenkung mit Steuern und Abgaben:** Denkbar ist die direkte Besteuerung von THG-Emissionen, aber auch die Besteuerung von Gütern, deren Bereitstellung mit besonders vielen THG-Emissionen verbunden ist. In jedem Fall steht hinter

[77] Dennoch ist die Frage, wie internationale Abkommen zustande kommen können und wie stabil sie sind, schon seit Längerem sehr interessant für Ökonomen. Vgl. dazu bspw. Weimann 1995 Kap. 1.9, S. 132-165

[78] Die Aufzählung orientiert sich an Fritsch et al. 2003, S. 149

diesem Instrument der Versuch, über die (direkte oder indirekte) Verteuerung des Ausstoßes von Treibhausgasen diesen zu reduzieren.

- **Lenkung mit Subventionen:** Ähnlich wie Steuern und Abgaben stellen auch Subventionen einen Eingriff in den Preismechanismus dar. Bezogen auf die THG-Problematik, wird in diesem Fall aber versucht, durch Subvention klimafreundliches Verhalten relativ zu verbilligen und dadurch attraktiver zu machen.
- **Umwelthaftung:** Hier geht es darum, dass ein Geschädigter oder eine Gruppe von Geschädigten, die unter einer Umweltbeeinträchtigung leiden, vom Verursacher der Schädigung Schadensersatz verlangen können. Auf diese Weise kann der Schadensverursacher (also bspw. der Schadstoff-Emittent) dazu gezwungen werden, alle gesellschaftlichen Kosten in sein individuelles Kosten-Nutzen-Kalkül mit einzubeziehen. Ein solches Verfahren kann ein sehr hilfreiches Instrument zur Lösung von Umweltproblemen sein. Voraussetzung ist allerdings, dass einem bestimmten Schaden auch ein konkreter Schadensverursacher zuzuordnen ist. Dies erscheint in der Klimaproblematik äußert schwierig, da ja quasi alle Emittenten von Treibhausgasen zu den Schadensverursachern gezählt werden müssten – und damit zumindest ein Großteil der gesamten Menschheit. Zudem dürfte schon allein die grundsätzliche Einteilung in Geschädigte und Schadensverursacher in der Klimathematik schwierig sein. Und nicht zuletzt wären die Transaktionskosten aufgrund der riesigen Zahl der Beteiligten vermutlich astronomisch.

International große Aufmerksamkeit wurde der Frage nach möglichen Schadensersatzprozessen in Folge des Klimawandels zuletzt vor zehn Jahren zuteil, als die Regierung des pazifischen Inselstaates Tuvalu im Sommer 2002 ankündigte, Klage gegen die Vereinigten Staaten und Australien am Internationalen Gerichtshof einreichen zu wollen, wegen des hohen CO_2-Ausstoßes beider Staaten und deren mangelndem Engagement dagegen.[79] Tuvalu besteht aus neun Inselgruppen mit insgesamt gerade einmal 26 km^2 Fläche. Der höchste Punkt liegt 3 m über dem Meeresspiegel, und die Hauptinsel ist nur 400 m breit.[80] Der allmähliche Anstieg des Meeresspiegels hat für Tuvalu dramatische Folgen, von der Bedrohung durch Sturmfluten über die Versalzung der Böden bis zum Untergang ganzer Inseln. Kleinere Nebeninseln sind bereits im Meer verschwun-

79 Ralston et al.2004 S. 16; vgl. auch Financial Times Deutschland 29.8.2002

80 Ralston et al.2004 S. 5, 6 u. 9

den.[81] Ein Schicksal, das Tuvalu mit anderen pazifischen Inselstaaten teilt. Auf der anderen Seite liegt der Pro-Kopf-Ausstoß an Treibhausgasen in diesen Inselstaaten weit unter dem weltweiten Durchschnitt. Im Jahr 2001 lebten in den 22 Pazifikstaaten 7,1 Mio. Menschen, 0,12% der damaligen Weltbevölkerung. Sie waren aber nur für 0,03% der globalen CO_2-Emissionen verantwortlich.[82] Dieses große Missverhältnis zwischen Beitrag zur Schadensverursachung und Schaden (im schlimmsten Fall der Untergang der ganzen Nation) war es auch, was die damalige Regierung Tuvalus dazu bewog eine Klage am Internationalen Gerichtshof anzustreben.[83] Allerdings zeigte sich offenbar bald, mit welchen Schwierigkeiten ein solches Unterfangen verbunden ist, denn der Plan wurde nicht in die Tat umgesetzt und von der Nachfolgeregierung nicht weiter verfolgt.[84]

Dennoch löste allein die Ankündigung Tuvalus eine Diskussion unter Rechtsgelehrten aus, unter welchen Umständen es auf Basis des Völkerrechts oder des US-Rechts möglich wäre, Schadensersatz von THG-Emittenten zu verlangen. Einige Rechtsgelehrte vertraten dabei die Meinung, dass es auch auf Basis der damals geltenden Rechtslage nicht ausgeschlossen gewesen wäre, dass Tuvalu Schadensersatz zugesprochen worden wäre. Sie verwiesen dabei u.a. auf Präzedenzfälle, z.B. im Zusammenhang mit Asbest, bei denen Schadensersatzklagen möglich waren, obwohl es mehrere Verursacher gab. Maßgeblich für den Umfang der Haftung könnte der jeweilige Beitrag zum THG-Ausstoß des einzelnen Beklagten sein.[85] Vielleicht werden in Zukunft einmal Klagen von Geschädigten des Klimawandels auf Schadensersatz möglich sein und Aussicht auf Erfolg haben. Dies erscheint im Moment aber mehr eine Zukunftsfrage zu sein und ist noch kein aktuell gebräuchliches Mittel zur Eindämmung der Treibhausgas-Emissionen.

- **Handelbare Emissionsrechte:** In diesem Fall vergibt der Staat das Recht an bestimmte Akteure eine gewisse Menge Schadstoffe zu emittieren. Dies kann bspw. in Form von Emissions-Zertifikaten erfolgen. Der einzelne Akteur darf dann nur maximal in einem Umfang Schadstoffe (z.B. Treibhausgase) emittie-

[81] Ralston et al. 2004 S. 7ff.

[82] Ralston et al. 2004 S. 15

[83] Ralston et al. 2004 S. 16

[84] Ralston et al. 2004 S. 16

[85] Ralston et al. 2004 S. 16

ren, der auch durch seine Rechte zum Schadstoffausstoß gedeckt ist (Anzahl der Zertifikate). Emittiert er mehr, so erfolgt eine Bestrafung. In diesem ersten Schritt ähnelt das Instrument einem Ge- bzw. Verbot. Der große Unterschied zu Umweltauflagen erfolgt jedoch im zweiten Schritt. Im Gegensatz zu starren Umweltauflagen kann das Emissionsrecht auch an Dritte veräußert werden. Das heißt, der einzelne Rechteinhaber steht vor der Entscheidung, das Recht selbst zu nutzen oder es entgeltlich abzutreten. Im Falle eines einfachen Verbots für den Einzelnen, eine bestimmte Emissionsmenge zu überschreiten (was ja dem Recht entspricht, bis zu dieser Menge straffrei zu emittieren), stünde er hingegen vor der Entscheidung, das Recht selbst zu nutzen oder es ersatzlos entfallen zu lassen. Die Möglichkeit, Emissionsrechte handelbar zu machen, soll den Staat von der Aufgabe entbinden, ähnlich einer Planwirtschaft festlegen zu müssen, welcher Akteur in welchem Sektor wie viel Schadstoffe emittieren darf. Eine Aufgabe, die in der Praxis extrem schwierig sein dürfte. Sind die Rechte handelbar, muss der Staat theoretisch nur festlegen, wie viel Schadstoff-Emissionen (also bspw. Treibhausgase) insgesamt in Kauf genommen werden. In welchem Sektor und von welchem Akteur diese Rechte dann in Anspruch genommen werden, regeln Angebot und Nachfrage.

2.1.4 Standardinstrumente unter Effizienzgesichtspunkten

Der Staatseingriff sollte, aus Sicht der Ökonomik, erfolgen, weil der Zustand, der sich ohne den Staatseingriff einstellt, nicht pareto-effizient ist. Entsprechend ist für die Beurteilung des Staatseingriffes aus ökonomischer Sicht auch entscheidend, inwieweit es damit gelingt, einen pareto-effizienten Zustand herzustellen (oder diesem zumindest möglichst nahe zu kommen).

Im Falle eines negativen externen Effektes, mit dem wir es in der Klimaproblematik zu tun haben, ist Pareto-Effizienz dann hergestellt, wenn gilt

Grenzkosten der Schadensvermeidung = Grenznutzen der Schadensvermeidung.

Grenzkosten und Grenznutzen sind dabei aus gesamtgesellschaftlicher Perspektive zu sehen, d.h. bei einem globalen Problem wie dem Klimawandel genaugenommen aus Sicht der Weltbevölkerung. Solange die Einsparung einer Einheit Treibhausgase weniger kostet als der Schaden, den die Emission dieser Einheit der Weltbevölkerung zufügen würde, könnte noch mindestens ein Mensch besser gestellt werden, ohne einen anderen schlechter stellen zu müssen. Erst wenn Grenzkosten und Grenznutzen gleich hoch sind, ist der Zustand pareto-effizient.

Die obige Bedingung hat sehr weitreichende Konsequenzen für die ökonomische Sicht auf den Umweltschutz. Erstens ist es aus dieser Sicht nicht Ziel des Umweltschutzes die Schädigung prinzipiell auf null zu reduzieren, sondern nur auf ein effizientes Maß. Und zweitens wird Umweltschutz nur anhand seines Nutzens für den Menschen beurteilt. Dieser Nutzenbegriff ist dabei sehr weitgefasst und bezieht sich keineswegs nur auf den Nutzen der Natur für die Produktion von Gütern, die im BIP erfasst werden. Der Nutzenbegriff umfasst bspw. auch das gute Gefühl, das jemand empfindet, wenn er eine schöne Landschaft ansieht, oder die Freunde beim Beobachten von Rehen, Hirschen, Vögeln oder anderen Wildtieren. Alles, was im weitesten Sinne an Positivem für den Menschen von der Natur ausgeht, gehört zum Nutzen, den die Natur stiftet, und wird, bspw. im Rahmen von Kosten-Nutzen-Analysen, auch bewertet.[86] Dennoch, soweit der Nutzenbegriff auch gefasst ist, er bezieht sich immer auf die menschliche Perspektive. Einen Eigenwert der Natur, losgelöst vom Menschen, gibt es in dieser Sichtweise nicht. Dies wird von Umweltschützern bisweilen auch stark kritisiert und der Umweltökonomik als Schwäche vorgeworfen. Ein Kritikpunkt, den der Autor dieser Studie einerseits auch durchaus nachvollziehen kann. Andererseits muss man aber auch sagen, dass es oft erst durch die ökonomische Bewertung der Güter, die die Natur bietet (von natürlichen Ressourcen bis hin zum sehr subtilen Beitrag schöner Natur zum menschlichen Wohlbefinden), gelingt, den handelnden Akteuren den Wert der Natur vor Augen zu führen. Eine Aufgabe für die Ökonomik, der vermutlich gerade in der Klimadebatte besondere Bedeutung zukommt.

Praktisch relevant wird der Streit, ob man die Natur als „heiligen Ort“ sehen sollte, dem gar kein Schaden zugefügt werden darf, oder ob der Schaden nur auf ein ökonomisch effizientes Niveau gesenkt werden sollte, sowieso erst dann, wenn die Schädigung bereits auf ein ökonomisch effizientes Niveau gesenkt wurde. Studien, die schwerste Auswirkungen für die Menschheit sehen (bis hin zum Untergang ganzer Nationen[87]), sollte es nicht gelingen, den Klimawandel einzudämmen, sind durchaus ein starkes Indiz dafür, dass wir von diesem Punkt noch weit entfernt sind.

[86] Zumindest sollte er bei guten Kosten-Nutzen-Analysen mit bewertet werden.

[87] Vgl. bspw. Ralston et al. 2004

Um einzelne Instrumente im Umweltschutz aus Effizienzgesichtspunkten zu beurteilen werden im Weiteren drei Kriterien herangezogen:

1. **Statische Effizienz:** Sie bezieht sich auf die Bedingung *Grenzkosten = Grenznutzen* unter gegebenen Rahmenbedingungen, bspw. der aktuell vorhandenen Technik.[88]

2. **Dynamische Effizienz:** Sie bezieht sich auf einen längeren Zeithorizont und berücksichtigt mögliche Änderungen der Rahmenbedingungen, die zu einer Verschiebung der Grenzkostenkurve führen. Eine effiziente Methode sollte Anreize setzen, dass sich negative externe Effekte durch veränderte Rahmenbedingungen (bspw. die Entwicklung neuer Techniken) in Zukunft kostengünstiger reduzieren lassen oder überhaupt ganz vermieden werden können.[89]

3. **Treffsicherheit:** Damit ist die Frage gemeint, inwieweit mit einem bestimmten Instrument sichergestellt werden kann, dass das Schadensniveau wirklich auf ein bestimmtes gesellschaftlich oder politisch gewünschtes Niveau reduziert wird.[90]

Will man nun die deutsche Klimastrategie ökonomisch bewerten, so müsste man sich im ersten Schritt genaugenommen fragen, ob die Reduktionsziele, die sich die Bundesrepublik und die EU gesteckt haben (vgl. Kapitel 1.2.), an sich effizient sind. Oder ob sie zu niedrig oder zu hoch sind. Dazu bräuchte man neben Informationen über die Grenzkosten der Emissionsminderung vor allem auch Informationen über den globalen Grenznutzen der Emissionsminderung. Exakte Aussagen über den Grenznutzen der Emissionsminderung zu treffen, dürfte äußerst schwer sein. Im Folgenden soll die Analyse daher etwas vereinfacht werden: Die Emissionsminderungsziele werden als gegeben hingenommen. Die Effizienzanalyse der einzelnen Instrumente bezieht sich dann darauf, ob es den Instrumenten gelingt, gegebene Emissionsziele möglichst kostengünstig (Kosteneffizienz) und treffsicher zu erreichen.

Der Begriff Kosten bezieht sich dabei nicht nur auf finanzielle Kosten, sondern ist allgemein als der entgangene Nutzen einer Alternative zu interpretieren. Wenn bspw. jemand, der eigentlich vorhatte, eine Flugreise zu unternehmen, auf diese verzichtet, um Treibhausgase einzusparen, so stellt der entgangene Nutzen der Rei-

88 Fritsch et al. 2003, S. 111

89 Fritsch et al. 2003, S. 111 u. Häder 1997, S. 52

90 Fritsch et al. 2003, S. 111 u. Häder 1997, S. 47

se die Kosten der Emissionsminderung dar. Möglicherweise sind diese „Kosten" für ihn aber geringer, als stattdessen sein Haus entsprechend zu dämmen, um über gesteigerte Energieeffizienz die gleiche Menge Treibhausgase einzusparen. In diesem Falle wäre der Verzicht auf die Reise, die ökonomisch effizientere Variante. Dieses kleine Beispiel zeigt, dass es für ein effizientes Instrument zum Klimaschutz wichtig ist, keine Verzerrung bzw. Diskriminierung zwischen den drei grundlegenden Lösungsansätzen (Konsumänderung, Energieeffizienz und CO_2-neutrale Energieträger) zu bewirken. Die Benachteiligung einzelner Lösungswege lässt sich nur damit rechtfertigen, dass mit dem betreffenden Lösungsweg andere externe Kosten verbunden sind. Ein Königsbeispiel dafür wäre die Atomenergie, die zwar helfen kann, CO_2-Emissionen einzusparen, aber das Risiko anderweitiger massiver Umweltschäden mit sich bringt. In solchen Fällen kann es effizient sein, bestimmte Lösungswege seitens des Gesetzgebers zu „benachteiligen" bzw. ganz auszuschließen (wie im Falle des deutschen Atomausstiegs).

Gleichzeitig muss ein kosteneffizientes Instrument berücksichtigen, dass die Grenzkosten der Emissionseinsparung mit Sicherheit nicht für alle Akteure gleich sind. In Wirklichkeit sind sie wahrscheinlich nicht einmal annähernd gleich. Das Instrument muss also sicherstellen, dass dort eingespart wird, wo es am kostengünstigsten möglich ist. Die vier staatlichen Instrumente, die aus Sicht des Autors dieser Studie im Moment prinzipiell geeignet scheinen, die THG-Emissionen wirksam zu begrenzen, nämlich

- Umweltauflagen,
- Lenkungssteuern,
- Lenkungssubventionen und
- handelbare Emissionsrechte,

werden nun kurz unter diesen Aspekten beleuchtet.

a. Umweltauflagen

Vorteile: In der politischen Praxis erfreuen sich Umweltauflagen sehr großer Beliebtheit. Diese hängt sicherlich auch damit zusammen, dass sie oft relativ einfach eingeführt und durchgesetzt werden können und politisch leicht vermittelbar sind.

Kritische Punkte: Inwieweit Umweltauflagen zu einer Verzerrung zwischen den Lösungsansätzen zum Klimaschutz führen, hängt sehr von ihrer individuellen Ausgestaltung ab. Die Berücksichtigung unterschiedlicher Grenzkosten bei der Emissionseinsparung dürfte i.d.R. kaum möglich sein. Dazu müsste der Staat die Grenzkosten aller Individuen kennen und dann individuelle Ge- und Verbote erlassen. Ein Informationsbedarf, der einen zentralen Planer vermutlich überfordern wird.[91] Ein Einsparungsziel mit Auflagen kosteneffizient zu erreichen dürfte ein reiner Zufall sein.[92] Auch in der dynamischen Perspektive können Auflagen problematisch sein, da sie nur bis zu dem Punkt, an dem die Auflage erfüllt ist, einen Anreiz darstellen, Emissionen zu senken. Der Anreiz für Innovationen ist daher relativ gering.[93] Um dies auszugleichen, müsste der Staat die Auflage permanent verschärfen, ohne aber gleichzeitig die Akteure zu überfordern. Dies wiederum zieht einen gewaltigen Informationsbedarf nach sich. Die Treffsicherheit von Ge- und Verboten hängt entscheidend von ihrer individuellen Ausgestaltung ab. Kritisch sind Auflagen, die nicht eine maximale Gesamtmenge an Emissionen festlegen, sondern nur eine relative Menge, bspw. CO_2-Emissionen eines Kfz pro gefahrenem Kilometer.[94]

b. Lenkungssteuern

Ausgestaltung: Es geht immer darum, den negativen externen Effekt zu besteuern, um so für den Verursacher einen Anreiz zu schaffen, diesen zu senken oder zu vermeiden. Es gibt aber zwei grundsätzliche Möglichkeiten zur Ausgestaltung einer Lenkungssteuer:[95]

- **Pigou-Steuer:** Würde der Staat den Verlauf der sozialen Grenzkosten- und Grenznutzenkurve der Schadensvermeidung kennen, hätte er zwei entscheidende Informationen. Erstens würde er die optimale Höhe des negativen externen Effektes kennen, zweitens wüsste er, wie hoch die sozialen Grenzkosten sind, die dieser externe Effekt im Optimum verursacht. Dann könnte er die Handlung, die den externen Effekt verursacht, bspw. den CO_2-Ausstoß aus der Verbrennung fossiler Energieträger, mit einer Steuer genau in jener Höhe belegen, die den sozialen Grenzkosten des externen Effekts im Optimum entspricht. Die ex-

[91] Vgl. Häder 1997, S. 50

[92] Vgl. Fritsch et al. 2003, S. 120f.

[93] Fritsch et al. 2003, S. 121

[94] Fritsch et al. 2003, S. 120, vgl. auch Häder 1997, S. 48

[95] Vgl. Fritsch et al. 2003, S. 121-132

ternen Kosten würden damit vollständig internalisiert. Die privaten Grenzkosten der Handlung, mit der der externe Effekt verbunden ist, würden dann genau den sozialen Grenzkosten dieser Handlung im Optimum entsprechen.[96] Die Individuen würden aus Eigeninteresse den externen Effekt auf das pareto-optimale Niveau senken. Die Pigou-Lösung wäre demnach eine First-Best-Lösung.[97] Es ist in der Praxis jedoch ziemlich unrealistisch, dass der Staat über die exakten Informationen verfügt, die er für eine Pigou-Lösung bräuchte.

- **Preis-Standard-Ansatz:** in der Praxis deutlich realistischer erscheint der Preis-Standard-Ansatz. Dabei wird nicht versucht, den externen Effekt auf das pareto-optimale Niveau zu senken, sondern das Reduktionsziel als exogen vorgeben betrachtet.[98] Dieser Ansatz passt recht gut zum realen Verhalten der Staaten in der Klimadebatte. Die Reduktionsziele der einzelnen Staaten sind vermutlich vor allem das Ergebnis von Kompromissen bei innerstaatlichen und internationalen Verhandlungen. Der Preis-Standard-Ansatz zielt dann darauf ab, den externen Effekt so hoch zu besteuern, dass die Individuen ihn auf das politisch gewünschte Niveau reduzieren.[99] Für den Preis-Standard-Ansatz sind wesentlich weniger Informationen notwendig, als für den Pigou-Ansatz, zu einer First-Best-Lösung führt er aber auch nur, wenn zufällig der genau der Steuersatz getroffen wird, der zu einem Pareto-Optimum führt.

Vorteile: Da der Informationsbedarf der Pigou-Steuer unrealistisch erscheint, ist im Weiteren, wenn von Steuer die Rede ist, eine Steuer im Sinne des Preis-Standard-Ansatzes gemeint. Auch eine solche Steuer hat, wenn sie auch nicht zwingend zu einem Pareto-Optimum führt, entscheidende Vorzüge. Sofern die Menge des externen Effektes physisch ermittelbar ist und den einzelnen Emittenten zugeordnet werden kann, ist sie gut zu erheben. Weiters kann man davon ausgehen, dass sie zu einer statisch kosteneffizienten Reduktion des externen Effektes führt: Wessen Grenzvermeidungskosten niedriger sind als der Steuersatz, der wird den externen Effekt, also bspw. THG-Emissionen, reduzieren. Wer höhere Grenzkosten hat, der wird lieber die Steuer zahlen. Emissionen werden also vermutlich dort zuerst eingespart, wo sie am kostengünstigsten gespart werden können.[100] Da die Steuer gene-

[96] Fritsch et al. 2003, S. 121f.

[97] Vgl. Weimann 1995, S. 176ff.

[98] Fritsch et al. 2003, S. 125

[99] Fritsch et al. 2003, S. 125f.

[100] Hanley et al. 1997, S. 61

rell THG-Emissionen verteuert, schafft sie auch in der dynamischen Perspektive einen permanenten Anreiz dafür, immer kostengünstigere Lösungen zur Emissionsreduktion zu finden.[101]

Nachteile: Der Nachteil des Preis-Standard-Ansatzes liegt vor allem in der Treffsicherheit, mit der das politisch gewünschte Reduktionsziel erreicht wird. Um diese sicherstellen zu können, müsste der Staat die Grenzvermeidungskosten der Akteure kennen.[102] In der Praxis wird er sich vermutlich mit der Zeit an den Steuersatz herantasten müssen, der zum gewünschten Ergebnis führt.

c. Lenkungssubventionen

Ausgestaltung: Bei einer Lenkungssubvention zur Minderung eines negativen externen Effekts erhält der Schädiger Geld dafür, dass er das Schädigungsniveau reduziert. Ähnlich wie die Steuer kann auch eine Subvention zur Vermeidung von negativen externen Effekten als Pigou-Subvention oder entsprechend dem Preis-Standard-Ansatz ausgestaltet werden. Da man bei der Pigou-Lösung ein ähnliches Informationsproblem hat wie bei der Pigou-Steuer, wird dieser Ansatz nicht weiter betrachtet.

Vorteile: Subventionen stoßen, dem Eindruck des Autors dieser Studie nach, in der politischen Praxis oft tendenziell auf weniger Widerstand als neue Steuern. In der statischen Perspektive kann man davon ausgehen, dass auch eine Subventionslösung dazu führt, dass dort zuerst eine Reduktion des externen Effekts vorgenommen wird, wo sie besonders billig möglich ist.[103]

Nachteile: Die Subventionslösung zur Verminderung eines negativen externen Effekts hat gegenüber der Steuerlösung eine Reihe von Nachteilen. Anders als bei der Steuer benötigt der Staat für die Subvention finanzielle Mittel, die irgendwoher kommen müssen, also bspw. aus Steuern, wodurch es auch in der statischen Perspektive zu Fehlallokationen kommen kann.[104] Noch schlechter schneidet die Subventionslösung in der dynamischen Perspektive ab. Die Subvention kann dazu führen, die Durchschnittskosten der Produkte, deren Produktion den negativen exter-

[101] Hanley et al. 1997, S. 61
[102] Fritsch at al. 2003, S. 131
[103] Fritsch et al. 2003, S. 126f.
[104] Fritsch et al. 2003, S. 126

nen Effekt auslöst, zu senken, anstatt sie zu erhöhen wie im Falle der Steuer.[105] Bei gegebenem Preisniveau werden dadurch neue Verschmutzer angelockt, langfristig ist in diesem Fall mit einem Sinken des Marktpreises und einer Produktionsausweitung zu rechnen.[106] Zudem ist der Anreiz zur Entwicklung billigerer Vermeidungsverfahren dann besonders gering, wenn der Verursacher des externen Effekts damit rechnen muss, dass dann langfristig auch der Subventionssatz sinkt.[107] Bezüglich der Treffsicherheit ergeben sich ähnliche Probleme wie bei der Steuerlösung, ein Herantasten wird notwendig sein.

d. Handelbare Emissionsrechte

Vorteile: Am besten lassen sich die Vorteile anhand eines Beispiels erklären: Nur wer ein Emissionsrecht besitzt, darf Treibhausgase emittieren. Dadurch wird die Fähigkeit der Erdatmosphäre, eine bestimmte Menge Treibhausgase aufzunehmen, quasi von einem Allmendegut zu einem privaten Gut gemacht. Durch die Handelbarkeit der Rechte kann der Markt die Allokation dieser knappen Ressource regeln, ähnlich wie er es recht effizient für viele andere Ressourcen (bspw. Rohstoffe) macht. Hinsichtlich der statischen und dynamischen Effizienz ist die Lösung mit handelbaren Emissionsrechten als ähnlich effizient einzustufen wie die Steuerlösung. Sie ist aber deutlich treffsicherer als diese.[108]

Nachteile: Bisweilen wird diese Lösung schlicht nicht richtig verstanden. Insbesondere wird kritisiert, dass die handelbaren Rechte angespart und in die nächste Handelsperiode mitgenommen werden können, wenn in einer bestimmten Periode, bspw. aufgrund einer Wirtschaftskrise mit Produktionsrückgängen, weniger Zertifikate verbraucht werden als ausgegeben wurden.[109] Dies führt dazu, dass Emissionen, die bspw. aufgrund geringerer Konsumfreunde der Verbraucher eingespart wurden, nicht mehr durch technische Investitionen gespart werden müssen. Das ist aber eigentlich nur Ausdruck der Treffsicherheit und methodischen Offenheit der

---

[105] Faucheux & Noël 2001, 298f.

[106] Faucheux & Noël 2001, 298f.

[107] Fritsch et al. 2003, S. 130

[108] Fritsch et al. 2003, S. 140f.

[109] Vgl. BUND o.J.: Der Emissionshandel: ein Instrument mit zahlreichen Mängeln. Es sei allerdings darauf hingewiesen, dass andere in diesem BUND-Artikel angeführte Kritikpunkte, vor allem die Kritik an der Einbeziehung von zusätzlichen Emissionsrechten durch CDM- und JI-Projekte, aus Sicht des Autors dieser Studie durchaus berechtigt sind.

Zertifikatenmethode. Bis zu einem bestimmten Jahr, z.B. 2020, sollen maximal so viele Treibhausgase emittiert werden dürfen, wie in den Jahren zuvor als Zertifikate ausgegeben wurden. In welchem Jahr die Emissionen anfallen, ist dabei nicht entscheidend, übrigens auch nicht aus ökologischer Sicht. Genauso wenig ist der Grund entscheidend, warum die Emissionen gesunken sind. Ob dies nun an Investitionen in Energieeffizienz lag, an einer Wirtschaftskrise oder an geändertem Konsumverhalten (Lösungsansatz Verhaltensänderung), entscheidend, auch ökologisch, ist, dass insgesamt eine gewünschte Menge an Emissionen nicht überschritten wird. Wenn dies durch Konsumverzicht billiger möglich ist als durch Investitionen, dann sollte auch der erste Weg gewählt werden. Wenn die Emissionen, die anfallen, insgesamt zu hoch erscheinen, liegt dies allein daran, dass die Emissionsziele, die von der Politik ausgegeben wurden, zu wenig ambitioniert waren, nicht an der Methodik der Zertifikatenlösung selbst. Würden die Zertifikate hingegen am Ende eines Jahres oder einer mehrjährigen Handelsperiode ersatzlos verfallen, könnte gerade dies leicht zu ungewollten und auch ökonomisch völlig unsinnigen Emissionen führen, nämlich bspw. dann, wenn die Zertifikate am Jahresende noch schnell irgendwie verbraucht werden, um sie nicht völlig wertlos werden zu lassen.

Neben Verständnisproblemen gibt es aber auch durchaus „echte" Probleme, die mit dem Design eines Emissionshandels zusammenhängen können. Ein enormes Problemfeld stellt vor allem die Art und Weise der Zuteilung dar. Verschiedene Verfahren der Zuteilung (Versteigerung, kostenlose Zuteilung usw.) können enorm unterschiedliche Verteilungswirkungen haben. Verteilungsaspekte sind zwar i.d.R. nicht Teil einer ökonomischen Effizienzanalyse, können aber natürlich die Legitimität einer Methode bei der Bevölkerung untergraben. In bestimmten Konstellationen kann die Art und Weise der Zuteilung aber auch handfeste allokative Fehlwirkungen haben, nämlich bspw. dann, wenn die kostenlose Zuteilung für die nächste Periode auf Basis der Emissionen der laufenden Periode erfolgt. Dann kann ein Anreiz dazu bestehen, die aktuellen Emissionen noch weiter zu erhöhen.

2.2 Maßnahmen der deutschen Politik

Mit welchen Maßnahmen beabsichtigt nun die deutsche Bundespolitik ihre Reduktionsziele für den Zeithorizont bis 2020 und die Zeit danach zu erreichen? Antworten darauf findet man unter anderem in der Publikation „Eckpunkte für ein integriertes Energie- und Klimaprogramm".[110] Diese stammt zwar aus dem Jahr 2007 und wurde von der großen Koalition noch vor dem Regierungswechsel im Herbst 2009 verabschiedet. An den dort beschriebenen Maßnahmen hält aber auch die aktuelle Bundesregierung im Wesentlichen fest, wie wir in weiterer Folge sehen werden. Nicht zuletzt wird das Dokument auch nach wie vor auf den Web-Pages von Bundesumwelt- und Bundeswirtschaftsministerium publiziert. In diesem Dokument werden insgesamt 30 Maßnahmen (teils auch Maßnahmenbündel) beschrieben. Bei manchen handelt es sich eher um Absichtserklärungen. In anderen Bereichen wurden aber seither durchaus sehr konkrete Schritte unternommen. Teils baut das Energie- und Klimaprogramm auch auf Gesetzen und Verordnungen auf, die bereits existierten, als das Programm beschlossen wurde. Folgende Liste enthält eine, natürlich nicht abschließende, Auswahl aus den beschriebenen Maßnahmenbündeln:

- **Emissionshandel:** Die Idee, Emissionsrechte handelbar zu machen und damit von staatlicher Seite nur mehr eine maximal geduldete Emissionsmenge festlegen zu müssen, wurde in der EU mit dem Emissionszertifikate-Handel umgesetzt. Da in der Vergangenheit ca. 58% der deutschen CO_2-Emissionen in Bereichen anfielen, die dem Handel mit CO_2-Emissionszertifikaten unterliegen[111], dürfte der Emissionshandel mittlerweile der wichtigste Baustein in der Klimastrategie der Bundesrepublik Deutschland sein.
- **Kraft-Wärme-Kopplung (KWK):** Die gekoppelte Strom- und Wärmeproduktion als Kuppelprodukte gilt als besonders effiziente Form der Stromproduktion in kalorischen Kraftwerken. Dabei kann die anfallende Abwärme aus der Stromproduktion für Heizzwecke verwendet werden. Meist wird diese Abwärme in ein Nah- oder Fernwärmenetz eingespeist. Die Bundesregierung möchte, dass bis 2020 rund 25% der deutschen Stromproduktion aus KWK-Anlagen stammt.[112] Zu diesem Zwecke wurde auch ein eigenes KWK-Gesetz erlassen.
- **Förderung des Strom aus Erneuerbaren Energien (EE):** Bis 2020 sollen 25-30% der deutschen Stromproduktion aus Erneuerbaren Energien stammen.[113]

[110] Bundesregierung 2007
[111] Bundesregierung 2007, S. 4
[112] Bundesregierung 2007, S. 9f.
[113] Bundesregierung 2007, S. 11f.

Mit diesem Ziel wurde unter anderem das Erneuerbare-Energien-Gesetz (EEG) novelliert.

- **CCS-Technologie:** Die Bundesregierung unterstützt die Erprobung von CO_2-Abscheidung in fossilen Kraftwerken mit anschließender unterirdischer Einlagerung. Im Bereich CCS enthält das Dokument allerdings vor allem unverbindliche Absichtserklärungen, bspw. dass zwei bis drei Demonstrationskraftwerke in Deutschland installiert werden sollen. In den fünf Jahren seither ist auch nicht allzu viel geschehen. Nachdem der schwedische Energiekonzern Vattenfall die Planungen für einen CO_2-Speicher in Brandenburg im Dezember 2011 aufgeben hat, ist derzeit in Deutschland kein Pilotprojekt im industriellen Maßstab mehr in Planung.[114] Und nach langem Tauziehen einigten sich Bund und Länder erst im Sommer 2012 im Vermittlungsausschuss des Bundesrates auf ein Gesetz, das den rechtlichen Rahmen für die CO_2-Einlagerung bilden soll.[115] Bei vielen Umweltschutzorganisationen ist die Technologie zudem höchst umstritten und wird unter anderem als „Zeitbombe" bezeichnet.[116]

- **Förderprogramme für Klimaschutz und Energieeffizienz (außerhalb von Gebäuden):** Maßnahmen zur Steigerung der Energieeffizienz sollen verstärkt (finanziell) gefördert werden.[117]

- **Energieeinsparverordnung:** Die EnEV gehört schon seit langem zum gesetzlichen Instrumentarium für Energieeinsparung im Gebäudesektor. Die Bundesregierung kündigte weitere Verschärfungen an[118], was mittlerweile teils auch geschehen ist. Als Ziel wurde 2007 ausgegeben, dass die Wärmeversorgung von Neubauten ab dem Jahr 2020 möglichst ohne fossile Energieträger auskommen soll.[119] Weiter unten werden wir noch ausführlich auf die EnEV eingehen.

- **Erneuerbare-Energien Wärmegesetz:** Das EEWärmeG ist ein relativ neues Gesetz, dass für Neubauten eine Nutzungspflicht von Erneuerbaren Energien für die Wärmeversorgung vorsieht.[120]

[114] Financial Times Deutschland 27.6.2012
[115] Spiegel Online 29.6.2012 und Financial Times Deutschland 27.6.2012
[116] Vgl. bspw. Fröhlich & Matern 2011
[117] Bundesregierung 2007, S. 18f.
[118] Bundesregierung 2007, S. 22f.
[119] Bundesregierung 2007, S. 22
[120] Bundesregierung 2007, S. 27f.

- **Schiffsverkehr:** Die Bundesregierung würde es gerne sehen, wenn auch der Schiffsverkehr, dessen Emissionen stark wachsen, in den Emissionshandel mit einbezogen würde. Allerdings müsste dies auf internationaler Ebene geschehen, um keine Wettbewerbsverzerrung zu erzeugen.[121]
- **Elektromobilität:** Die Bundesregierung möchte durch den verstärkten Einsatz von Elektro- und Hybridfahrzeugen die Umweltbilanz des Verkehrs verbessern. Zu diesem Zweck sollen unter anderem Forschung und Entwicklung in diesem Bereich gefördert sowie Feldversuche durchgeführt werden.[122]

Wie man sieht, ist das Spektrum der Maßnahmen, mit denen die deutsche Bundespolitik ihre Ziele im Klimaschutz nach eigener Darstellung erreichen möchte, sehr weit gefächert. Es reicht von Absichtserklärungen, denen bislang wenig konkrete Schritte gefolgt sind, bis hin zu handfesten gesetzlichen Maßnahmen, die bereits umgesetzt wurden. Zu den großen Bausteinen der Klimastrategie, wie sie in den oben zitierten Eckpunkten zum Energie- und Klimaprogramm aufgelistet sind, gesellt sich noch eine Fülle weiterer kleinerer Maßnahmen und Maßnahmenpakete auf den unterschiedlichen institutionellen Ebenen.

Untersuchungsgegenstand dieser Arbeit ist es, die Klimastrategie der Bundesrepublik Deutschland einer ökonomischen Analyse zu unterziehen. Zu diesem Zweck, und um den Rahmen der Arbeit nicht zu sprengen, ist es notwendig, aus der Fülle von Maßnahmen, bestimmte Beispiele herauszugreifen und zu analysieren. Eine solche Auswahl kann freilich nicht ganz werturteilsfrei vorgenommen werden. Der Autor dieser Arbeit hat sich dabei an folgenden Kriterien orientiert:

1. Es sollte sich um Maßnahmen handeln, die bereits vom Gesetzgeber umgesetzt wurden, und nicht um reine Absichtserklärungen.
2. Mit den ausgewählten Maßnahmen sollte die Erwartung eines im Umfang sehr wesentlichen Beitrages zum Klimaschutz verbunden sein. Eher kleine Bausteine fallen damit weg.
3. Es sollte ein möglichst breites Spektrum der gängigen umweltökonomischen Methoden (Auflagen, Steuern, Subventionen, handelbare Umweltrechte etc.) abgedeckt werden.

[121] Bundesregierung 2007, S. 37
[122] Bundesregierung 2007, S. 43

Unter Zugrundelegung der obigen Kriterien hat sich der Autor dieser Studie für folgende drei Maßnahmen entschieden, die eine ganz zentrale Rolle in der deutschen Klimapolitik spielen:

1. **Emissionshandel:** Über die Hälfte der deutschen Treibhausgas-Emissionen entfielen in der Vergangenheit auf den Emissionshandelssektor. Damit sind der Emissionshandel und seine rechtliche Umsetzung auf jeden Fall ein wichtiges Untersuchungsobjekt im Rahmen dieser Arbeit.

2. **Energieeinsparverordnung (EnEV):** Die EnEV betrifft die bautechnische Ausführung von Gebäuden, in erster Linie Neubauten, welche nicht zu Betrieben gehören, die am Emissionshandel teilnehmen. Die EnEV ist, berücksichtigt man auch ihren Vorgänger, die Wärmeschutzverordnung, eines der ältesten Instrumente des Gesetzgebers zur Energieeinsparung in Deutschland. Sie folgt einer klassischen Politik der Umweltauflagen und hat eine große Breitenwirkung, da sie sich an sehr viele Gebäudeeigentümer richtet. Die EnEV dürfte das bedeutendste Instrument der deutschen Politik zum Klimaschutz im Gebäudesektor sein.

3. **Erneuerbare-Energien-Gesetz (EEG):** Das Gesetz regelt die Einspeisung und Vergütung von Strom aus erneuerbaren Energien. Methodisch gesehen handelt es sich um eine Subvention von Strom aus erneuerbaren Energien. Das EEG ist mit Sicherheit das derzeit wichtigste Instrument der deutschen Politik zur direkten Förderung erneuerbarer Energieträger.

Die getroffene Auswahl umfasst also jeweils ein Instrument, das dem Ansatz handelbarer Rechte entspricht, ein Instrument, das einem Gebotsansatz folgt, und ein Instrument, das einen direkten Eingriff in die Preisbildung für bestimmte Energieträger darstellt. Die Auswahl ist damit durchaus breit gefächert. In den nächsten Kapiteln werden die einzelnen Instrumente genauer vorgestellt, insbesondere werden jene Punkt herausgegriffen, die für eine wohlfahrtsökonomische Analyse besonders bedeutend erscheinen. Aus didaktischen Gründen wird das relativ komplexe Regelwerk zum Emissionshandel als letzter Punkt behandelt, begonnen wird mit der Verordnung, die dem Gebotsansatz folgt.

2.2.1 Die Energieeinsparverordnung – EnEV

a. Norm[123]

Es sei vorneweg gesagt, dass diese und die folgenden Betrachtungen von Gesetzestexten keine juristischen Abhandlungen darstellen, sondern der Vorbereitung der anschließenden ökonomischen Analyse dienen. Entsprechend werden auch nur jene Paragraphen und Inhalte angesprochen, die aus ökonomischer Sicht von besonderer Bedeutung erscheinen.

In den §§ 3 und 4 definiert die Verordnung ihre zentralen Anforderungen hinsichtlich der energetischen Kennwerte für Neubauten. In § 3 Abs. 1 heißt es:

„Zu errichtende Wohngebäude sind so auszuführen, dass der Jahres-Primärenergiebedarf für Heizung, Warmwasseraufbereitung, Lüftung und Kühlung den Wert des Jahres-Primärenergiebedarfs eines Referenzgebäudes gleicher Geometrie, Gebäudenutzfläche und Ausrichtung mit der in Anlage 1 Tabelle 1 angegebenen technischen Referenzausführung nicht überschreitet."

In Anlage 1 Tabelle 1 findet sich dann eine Reihe von energetischen Kennzahlen und anderen Ausführungsparametern für das Referenzgebäude. Diese einzelnen Werte sind für die ökonomische Analyse aber nicht entscheidend, genausowenig wie die absolute Höhe des Jahres-Primärenergiebedarfs pro m^2 Nutzfläche im Referenzgebäude. Entscheidend ist vielmehr die Formulierung „gleicher Geometrie, Gebäudenutzfläche und Ausrichtung". Es geht also darum, dass ein Wert X pro m^2 Nutzfläche nicht überschritten werden darf. Eine mögliche Reduktion oder Erhöhung dieses Energiebedarfs, die aus der Geometrie oder der Ausrichtung des Gebäudes resultiert, wird neutralisiert (da ja das Referenzgebäude die gleiche Geometrie und Ausrichtung haben soll).

§ 3 Abs. 2 definiert daneben noch, unabhängig vom Jahres-Primärenergiebedarf des Referenzgebäudes, Höchstwerte für den Transmissionswärmeverlust von Wohngebäuden, die die wärmeübertragende Umfassungsfläche nicht überschreiten darf. Damit werden, einfach gesagt, Mindestmaße für die Dämmung der Gebäudehülle definiert. Das bedeutet: Auch wenn es durch andere Maßnahmen, z.B. im heizungstechnischen Bereich, gelingen sollte, den Primärenergiebedarf des Referenzgebäudes zu unterschreiten, ohne Fassaden, Fenster oder Geschossdecke entsprechend

[123] Basierend auf EnEV 2009

stark zu dämmen, wären die Forderungen der EnEV dadurch noch nicht erfüllt. Eine entsprechende Dämmung muss auf jeden Fall vorgenommen werden.

§ 4 definiert Anforderungen, die jenen von § 3 ähnlich sind, sich aber an Nicht-Wohngebäude richten und auf eigene Tabellen im Anhang verweisen. Die dortigen Angaben zum Design des Referenzgebäudes und der maximalen Transmissionswärmeverluste unterscheiden sich in bestimmten Punkten von jenen von Wohngebäuden. Diese Unterschiede sind aber aus Sicht unserer Analyse nicht von zentraler Bedeutung. Es bleibt festzuhalten, dass auch für Nicht-Wohngebäude ein 2-stufiges Anforderungsprofil gilt – aus errechnetem Primärenergiebedarf eines Referenzgebäudes, der nicht überschritten werden darf, und Mindestdämmung von Bauteilen der Gebäudehülle als Nebenbedingung.

§ 5 eröffnet die Möglichkeit, erzeugten Öko-Strom bei der Primärenergiebedarfsermittlung in Abzug zu bringen, sofern die Erzeugung in einem unmittelbaren räumlichen Zusammenhang mit dem Gebäude steht (z.B. Photovoltaik auf dem Dach) und der Strom primär im Gebäude selbst verbraucht wird.

Weiters interessant aus ökonomischer Sicht ist § 9. Dieser definiert, dass unter bestimmten Bedingungen Änderungen an bestehenden Gebäuden EnEV-konform durchgeführt werden müssen. Für uns besonders interessant ist§ 9 Abs. 1. Er fordert, dass bei bestimmten Änderungen oder dem Ersatz von Außenbauteilen von Gebäuden (z.B. Wände, Fenster oder Türen) diese Bauteile maximal bestimmte Wärmedurchgangskoeffizienten aufweisen dürfen. Werden bspw. Fenster erneuert und machen diese Fenster mehr als 10% der Fensterfläche des Gebäudes aus[124], dürfen sie bestimmte Wärmedurchgangskoeffizienten nicht überschreiten, unabhängig davon, wie hoch der Wärmeverlust der alten Fenster war. Alternativ können die Anforderungen des Abs. 1 auch dadurch erfüllt werden, dass man nicht das einzelne Bauteil betrachtet, sondern das Gebäude als Ganzes nach der Sanierung die Anforderungen, die für Neubauten hinsichtlich Primärenergiebedarf und Transmissionswärmeverlust gelten, nur um maximal 40% übersteigt. Man kann also §9 Abs. 1 als Versuch des Gesetzgebers interpretieren, dem Gebäudeeigentümer die Pflicht aufzuerlegen, dass er, sofern er Außenbauteile saniert, aus welchem Motiv die Sanierung auch immer geschieht, dabei auch ein bestimmtes Mindestmaß an energetischer Sanierung vornehmen muss. § 9 legt dem Gebäudeeigentümer aber keine ge-

[124] Die 10% leiten sich aus § 9 Abs. 3 ab.

nerelle energetische Sanierungspflicht auf. Nur wenn er sowieso etwas an den Außenbauteilen ändert, muss er auch energetisch etwas ändern.

§ 10 hingegen definiert eine echte Nachrüstpflicht für Gebäudeeigentümer, auch dann, wenn sie eigentlich nicht vorhatten, irgendwelche Änderungen vorzunehmen. Abs. 1 zählt bestimmte Heizkessel auf, die nicht mehr betrieben werden dürfen. Abs. 2 schreibt die Dämmung von Wärmeverteilungs- und Warmwasserleitungen vor. Und die Absätze 3 und 4 fordern, dass eine bisher ungedämmte oberste Geschossdecke beheizter Räume mit einer Mindestdämmung versehen werden muss. In den Absätzen 5 und 6 werden die Nachrüstpflichten wieder etwas aufgeweicht. Abs. 5 besagt, dass die Nachrüstpflichten jene Gebäude nicht betreffen, die maximal zwei Wohnungen haben, von denen eine Wohnung vom Gebäudeeigentümer bereits am 1. Februar 2002 selbst bewohnt wurde. In diesem Falle greifen die Sanierungspflichten erst nach einem eventuellen Eigentümerwechsel. Der Gesetzgeber hat hier also offenbar Hemmungen, Eigentümern kleinerer Häuser, die diese schon seit längerer Zeit selbst bewohnen, hohe Sanierungspflichten aufzuerlegen. Abs. 6 beschränkt die Pflichten, Wärmeverteilungsleitungen, Warmwasserleitungen und Geschossdecken zu dämmen, generell und unabhängig von Gebäudegröße und Eigentümerverhältnis auf solche Fälle, in denen die erforderlichen Aufwendungen durch zukünftige Einsparungen „innerhalb angemessener Frist erwirtschaftet werden können.“ Hierin spielgelt sich ein Wirtschaftlichkeitsgebot der EnEV wieder, das sich auf individuelle Kosten und Nutzen des Gebäudeeigentümers bezieht (nicht auf gesamtgesellschaftliche Kosten und Nutzen). Ein Wirtschaftlichkeitsgebot, das sich in der EnEV an mehreren Stellen findet.

§ 10a schreibt unter bestimmten Bedingungen vor, elektrische Speicherheizsysteme nach Ablauf einer gewissen Frist (frühestens, wenn die Anlagen 30 Jahre in Betrieb waren) außer Betrieb zu nehmen.

§ 13 definiert Anforderungen an Heizkessel, damit diese aufgestellt werden dürfen. Sie betreffen unter anderem Wirkungsgrade (Abs. 1) und das Produkt aus Erzeugeraufwandszahl[125] und Primärenergiefaktor[126] der eingesetzten Energieträger (Abs. 2). Interessant ist auch Absatz 3. Denn er erlaubt Ausnahmen von den Anforderungen des Absatzes 1, zum Beispiel für einzeln produzierte Heizkessel. Hierin kann

[125] Kehrwert des Nutzungsgrades

[126] Faktor für das Verhältnis aus nicht erneuerbarem Primärenergieeinsatz zu Endenergie

man durchaus eine bewusste Erleichterung für Innovationen sehen, die sonst möglicherweise aufgrund aufwendiger Typprüfungen abgewürgt werden könnten.

Die §§ 16 ff. beschäftigen sich mit den Energieausweisen. Der Energieausweis muss im Falle des Verkaufs oder der Vermietung potenziellen Käufern und Mietern auf Verlangen unverzüglich zugänglich gemacht werden (§16 Abs. 2). Interessant ist aber auch §16 Abs. 1. Dieser schreibt eine Ausstellungspflicht von Energieausweisen für Neubauten und, im Falle bestimmter Umbauten, auch für Bestandsgebäude vor, auch wenn weder ein Verkauf noch eine Vermietung geplant ist. Diese Vorschrift stellt also in gewisser Weise einen Zwang zur Selbstinformation für den Gebäudeeigentümer dar.

§ 25 eröffnet die Möglichkeit, sich in Fällen unbilliger Härte im Einzelfall von den Vorschriften der EnEV befreien zu lassen. Eine sehr ähnlich formulierte Ausnahmeregelung war schon in § 10 zu lesen, wo es um die Nachrüstpflicht für ungedämmte Geschossdecken ging. Nach § 25 ist die Befreiung von fast allen Vorschriften der EnEv möglich, nur nicht von der Ausstellungspflicht für Energieausweise, auch wenn weder Verkauf noch Vermietung geplant sind. Der Informationszwang für Gebäudeeigentümer wird also besonders streng gehandhabt. Besonders interessant für den Untersuchungszweck dieser Arbeit ist, unter welchen Bedingungen eine Befreiung von den übrigen Vorschriften möglich ist. Absatz 1 definiert: „Eine unbillige Härte liegt insbesondere vor, wenn die erforderlichen Aufwendungen innerhalb der üblichen Nutzungsdauer, bei Anforderungen an bestehende Gebäude innerhalb angemessener Frist durch die eintretenden Einsparungen nicht erwirtschaftet werden können.“ Der Gesetzgeber führt hier also noch einmal ein klares Rentabilitätskriterium ein, welches an den individuellen Kosten und Nutzen des Gebäudeeigentümers ansetzt – und nicht an den sozialen (gesamtgesellschaftlichen).

b. Statische Effizienz

Bevor wir in die ökonomische Analyse einsteigen, macht es Sinn, sich noch einmal kurz vor Augen zu rufen, was der Hintergrund des Staatseingriffs war. Ausgangspunkt war, dass mit dem CO_2-Ausstoß ein negativer externer Effekt verbunden ist. D.h., die sozialen Kosten des CO_2-Ausstoßes werden nicht vollständig in den Preisen der entsprechenden Energieträger abgebildet. Einen Teil der Gesamtkosten muss nicht das Individuum tragen, sondern wird auf die Allgemeinheit verteilt. Der

Gesetzgeber muss hier einen Ausgleich schaffen, um die CO_2-Emissionen zu senken. Notwendig ist dabei eine Senkung der Gesamtemissionen und nicht nur der Emissionen relativ zu einer anderen Größe. Da, wie weiter oben bereits gesagt wurde, an dieser Stelle auf die Ermittlung eines ökonomisch optimalen Emissionsniveaus verzichtet wird, meint Effizienz im Weiteren Kosteneffizienz. Um ein vorgegebenes Reduktionsziel kosteneffizient, d.h. zu möglichst niedrigen sozialen Kosten, zu erreichen, ist es notwendig, dass es zu keiner verzerrten Anreizwirkung für oder gegen einen der drei grundlegenden Lösungsansätze kommt (es sei denn, es sind mit einem bestimmten Lösungsansatz andere negative externe Effekte verbunden) und unterschiedliche Grenzkosten der Emissionsreduktion bei den Individuen berücksichtigt werden. D.h. es sollte zuerst dort eingespart werden, wo es am billigsten möglich ist.

Positiv ist im Falle der EnEV in diesem Zusammenhang festzuhalten, dass die Vorschreibung bestimmter Primärenergiefaktoren eine gewisse Flexibilität eröffnet. So darf der Primärenergiebedarf eines Referenzgebäudes nicht überschritten werden, es müssen jedoch nicht sämtliche Bauteile des Gebäudes jenen des Referenzgebäudes entsprechen. Nur in Summe darf der Primärenergiebedarf nicht höher liegen. Dieses gewisse Maß an Flexibilität wird aber durch die Nebenbedingungen, die unabhängig vom Primärenergiebedarf Höchstwerte für den Transmissionswärmeverlust bzw. Wärmedurchgangskoeffizienten der Umfassungsfläche festschreiben, wieder erheblich eingeschränkt.

Kritisch im Hinblick auf die statische Effizienz ist zu beurteilen, dass auf ein Referenzgebäude „gleicher Geometrie, Gebäudenutzfläche und Ausrichtung“ abgestellt wird. Mögliche energetische Unterschiede, die aus Geometrie und Ausrichtungen resultieren, werden dadurch eliminiert, Einsparungen, die sich dadurch möglicherweise realisieren lassen könnten, erkennt die EnEV von vorn herein nicht als Erfüllung ihrer Auflagen an. Besonders problematisch ist der Verweis auf die Gebäudenutzfläche. Dieser führt dazu, dass letztlich nur ein Primärenergiebedarf pro m^2 Nutzfläche vorgeschrieben wird. Wie hoch der gesamte Energiebedarf ist, steht auf einem anderen Blatt und wird von der EnEV nicht begrenzt. Insbesondere im Falle von Wohngebäuden führt dies dazu, dass es dem Einzelnen nicht möglich ist, durch Reduktion des Wohnraumes pro Kopf die Anforderungen der EnEV zu erfüllen, obwohl sich dadurch natürlich ganz erheblich Energie einsparen ließe. Der erste

Lösungsweg, ein verändertes Konsumverhalten[127], wird damit von vornherein ausgeschlossen, obwohl es unter Umständen für viele Individuen die mit Abstand billigste Lösung wäre (sowohl im Sinne individueller als auch kollektiver Kosten). Eine solche Diskriminierung eines Lösungsweges zur Emissionsminderung wäre, wie gesagt, nur durch weitere externe Effekte zu rechtfertigen. Warum aber gerade der Verzicht auf größere Häuser negative externe Effekte auslösen soll, ist nicht zu erkennen. Im Gegenteil, es erscheint sogar plausibel, dass gerade geändertes Konsumverhalten dazu geeignet ist, noch weitere negative externe Effekte zu reduzieren (z.B. durch geringeren Landverbrauch und weniger Bodenversiegelung). Gewiss kann man als Rechtfertigung entgegenhalten, dass es behördlich mit sehr viel mehr Aufwand verbunden wäre, im Rahmen einer Auflage statt eines Primärenergiebedarfs pro m^2 einen Primärenergiebedarf pro Kopf nachzuhalten. Dies ist mit Sicherheit richtig, stellt aber eben auch generell die Eignung einer Auflagenlösung in Frage, wenn es das Ziel sein soll, Emissionen kosteneffizient zu senken.

Kritisch ist auch die Verpflichtung zu sehen, dass, sobald in Bestandsgebäuden 10% eines bestimmten Bauteils ausgetauscht werden, die neu eingesetzten Bauteile die energetischen Anforderungen der EnEV voll erfüllen müssen, auch wenn sich mit etwas weniger stark gedämmten Bauteilen immer noch Einsparungen gegenüber der vorherigen Situation erzielen ließen. Dies kann in der Praxis leicht zu negativen Anreizwirkungen gegen eine Gebäudesanierung führen. Wenn der Eigentümer nur die zwei Möglichkeiten hat, entweder gar nichts an seinem Gebäude zu tun oder aber sehr teure Bauteile (z.B. Fenster) kaufen zu müssen, die die Anforderungen der EnEV voll erfüllen, so kann es in vielen Fällen individuell rational sein, lieber gar nichts zu tun.

Besondere Beachtung verdienen, aus dem ökonomischen Blickwinkel, die Befreiungsmöglichkeiten der §§ 10 (von Nachrüstverpflichtungen) und 25 (allgemein). Mit Ausnahme der Pflicht zur Ausstellung der Energieausweise ist eine Befreiung von praktisch allen Anforderungen der EnEV möglich, wenn die notwendigen Aufwendungen nicht in angemessener Zeit durch Einsparungen erwirtschaftet werden können. Mit welcher betriebswirtschaftlichen Methode man genau die Amortisation der Investitionen in einen verminderten Energiebedarf beurteilt (dynamisch oder statisch), ist dabei aus Sicht unserer Analyse nicht entscheidend. Entscheidend ist, dass hier ein Wirtschaftlichkeitsvorbehalt eingeführt wird, der an den individu-

[127] Verzichtet wird auf den Konsum von mehr Wohnraum

ellen Kosten und Nutzen ansetzt, die für den Einzelnen aus seinem eigenen Verhalten entstehen. Wir sollten uns in Erinnerung rufen, dass die Begründung für den Staatseingriff ja gerade darin lag, dass ein erheblicher Teil der gesamtgesellschaftlichen Kosten, die mit dem Energieverbrauch verbunden sind, nicht von den Marktpreisen für Energieträger abgebildet werden. Die Kosten für den Einzelnen damit zu niedrig sind und es individuell rational (wenn man so will: rentabel) ist, zu viel Energie zu verbrauchen und zu viel CO_2 zu emittieren. Dem Ziel, den Einzelnen dazu zu bringen, auch die externen Kosten seines Handelns bei seiner Entscheidung zu berücksichtigen, steht dieser Wirtschaftlichkeitsvorbehalt eindeutig entgegen. Mehr noch, wenn die Auflagen der EnEV gerade nur dann greifen, wenn es sowieso individuell rational wäre, sich so zu verhalten, wie es die Verordnung vorschreibt, stellt sich die Frage, welche Wirkung die Verordnung überhaupt hat.

Es dürfte relativ unstrittig sein, dass eine gesetzliche Maßnahme, die nur niederschreibt, was die Individuen ohnehin aus Eigennutz tun würden, wenig praktische Relevanz besitzt. Relevant wird die Verordnung dann, wenn sie einen Gebäudeeigentümer dazu bringt, sein Haus stärker zu dämmen, obwohl er es eigentlich nicht will. Wenn man davon ausgeht, dass der Gesetzgeber die Verordnung mit dem Ziel geschaffen hat, das reale Verhalten der Bürger in beträchtlichem Umfang zu verändern, und er gleichzeitig aber niemanden zu Investitionen zwingen will, die für den Einzelnen unwirtschaftlich oder aus sonstigen Gründen untragbar sind, lässt dies nur den gedanklichen Schluss zu, dass er davon ausgeht, dass viele Individuen nicht wissen, was gut für sie selbst ist. Eine solche Sichtweise würde aber an einem Menschenbild rütteln, das nicht nur der Ökonomik zu Grunde liegt, sondern vielmehr unserer liberalen gesellschaftlichen Ordnung insgesamt.

Diese durchaus bedenkliche Überlegung ändert sich grundlegend, wenn man die Möglichkeit in Betracht zieht, dass Politiker mit dem Erlass von Gesetzen und Verordnungen auch andere Ziele verfolgen, als nur das Verhalten der Bürger im Sinne des Gemeinwohls zu verändern. Derartige Betrachtungen werden in Kapitel drei ausführlich behandelt. Möglicherweise entstand der Wirtschaftlichkeitsvorbehalt in der politischen Praxis schlicht als Kompromiss zwischen umwelt- und sozialpolitischen Erwägungen, um einerseits Flagge für den Umweltschutz zu zeigen und andererseits die Gefahr zu reduzieren, jemanden finanziell zu überfordern. [128] In jedem Fall zeigt die Diskussion des Wirtschaftlichkeitsgebots, welche Schwierigkei-

[128] Entwurf zur EnEV Änderung 2008, S. 64f.

ten damit verbunden sein können, wenn der Staat seinen Bürgern nicht nur vorschreibt, wie viel Energie sie oder er insgesamt verbrauchen dürfen, sondern wenn er vielmehr detaillierte Vorschriften macht, wer an welcher Stelle wie viel Energie unter Einsatz welcher Technologie einsparen soll. Generell lässt sich festhalten, dass es, aufgrund der verschiedenen oben beschriebenen Problemfelder, sehr unwahrscheinlich scheint, dass Ziel einer (statisch) kosteneffizienten Emissionsminderung mit dem Instrument der EnEV in der vorliegenden Form zu erreichen. Insbesondere erscheint sie sehr ungeeignet dafür, den Einzelnen dazu zu bringen, die externen Kosten seines Handelns adäquat zu internalisieren.

c. Dynamische Effizienz

Es sei kurz noch einmal ins Gedächtnis gerufen, was dynamische Effizienz bedeutet. Damit ist hier gemeint, dass ein umweltpolitisches Instrument dazu beiträgt, dass die Erreichung einer bestimmten Emissionsminderung langfristig immer kostengünstiger möglich wird, z.B. weil Anreize zur Entwicklung neuer Technologien und Verfahren gesetzt werden. Hier sind Instrumente in Form von Auflagen meist eher im Nachteil, weil sie, sobald die Vorgaben erfüllt sind, relativ wenig Anreiz geben, an weiteren Verbesserungen zu arbeiten. Ein gewisser Ausgleich kann hier durch die permanente Verschärfung oder durch die Ankündigung zukünftiger Verschärfungen geschaffen werden. In der Tat wurden die EnEV und ihre Vorgänger seit den 70er Jahren immer wieder verschärft. Ob dadurch dynamische Anreize gesetzt wurden, hängt jedoch von Art und Umfang der Verschärfung ab. Bezogen auf die letzte große Verschärfung der Anforderungen, die mit der EnEV 2009 einherging, finden sich Stimmen, die die Meinung vertreten, die verschärften Anforderungen gäben nur wider, was zu diesem Zeitpunkt ohnehin schon Stand der Technik im Baugewerbe war.[129] Ob diese Einschätzung richtig ist oder nicht, lässt sich im Rahmen einer wirtschaftswissenschaftlichen Arbeit nicht klären. Unrealistisch erscheint die Einschätzung nicht, da der Gesetzgeber natürlich unter dem Druck steht, keine Auflagen zu erlassen, die nur schwer erfüllbar sind. Auf der anderen Seite schafft eine Novelle, die im Wesentlichen den Stand der Technik niederschreibt, keine dynamische Anreizwirkung. Anders könnte dies im Falle der Ankündigung weiterer zukünftiger Verschärfungen aussehen. Solche Verschärfungen sind im Falle der EnEV auch für die Zukunft angekündigt, nicht zuletzt aufgrund

[129] Kwapich o.J.

von EU-Anforderungen.[130] So sollen ab 2021 nur mehr Niedrigstenergiehäuser neu gebaut werden dürfen. Die dynamische Anreizwirkung solcher Ankündigungen hängt aber natürlich erstens davon ab, wie realistisch die Betroffenen es einschätzen, dass diese Ankündigung auch wirklich umgesetzt wird, und zweitens davon, dass die verschärften Anforderungen über ein Niveau hinausgehen, das sich in dieser Zeitspanne auch ohne Verordnung als Stand der Technik etablieren würde. Auf der anderen Seite besteht die Gefahr, viele Individuen zu überfordern, wenn man zu ambitionierte Ziele vorgibt. Gerade dieser letzte Punkt, das Abwägen zwischen zu zaghaften und zu schwierigen Vorgaben, zeigt einmal mehr, welche Probleme mit einer zentralen Planung des Ressourceneinsatzes verbunden sind.

Eine andere mögliche dynamische Effizienzwirkung besteht in der Ausnutzung von Skaleneffekten.[131] Skaleneffekte der Art, dass gestiegene Mengen zu sinkenden Durchschnittskosten führen, gehören zwar eigentlich eher in den Bereich der statischen Effizienz. Da aber häufig ein allmähliches Absinken von Preisen im Laufe der Zeit unterstellt wird, sei dieser Punkt an dieser Stelle behandelt. In der Begründung zur EnEV-Novelle 2009 geht die Bundesregierung davon aus, dass die Nachfrage nach „Produkten hoher energetischer Qualität" in Folge der Novelle steigen wird.[132] Da die gestiegene Nachfrage aber zu (Anm.: positiven) „Skaleneffekten bei Herstellung und Vertrieb" führen würde, sei mit sinkenden oder wenigstens gleichbleibenden Preisen zu rechnen. Die Unterstellung sinkender Durchschnittskosten bei steigender Produktionsmenge ist in oberflächlichen ökonomischen Diskussionen weit verbreitet. Aus Sicht der Ökonomik lässt sich dazu jedenfalls folgendes sagen: Wenn ein Produkt tatsächlich entlang der marktrelevanten Menge sinkende Durchschnittskosten bei steigender Produktionsmenge pro Betrieb aufweist, führt dies zu einem sog. „natürlichen Monopol". Ohne Staatseingriff wird in diesem Markt langfristig nur ein einziger Wettbewerber überleben. Solche natürlichen Monopole gibt es in der Praxis auch, bspw. in bestimmten netzgebundenen Dienstleistungen (z.B. Eisenbahn-, Telefon- und Stromnetz), die durch sehr hohe Fixkosten geprägt sind. Allerdings sind sie insgesamt doch eher selten, in den allermeisten Gütermärkten gibt es eine Vielzahl von Anbietern, auch ohne staatliche Regulierung. Diese Tatsache widerspricht der pauschalen Annahme sinkender Durchschnittskosten bei steigender Ausbringungsmenge jedoch ganz klar. Solche An-

130 Vgl. Tuschinski 2012

131 Abhängigkeit der Durchschnittskosten von der Betriebsgröße

132 Entwurf zur EnEV Änderung 2008, S. 68f.

nahmen sind daher kritisch zu beurteilen und mit Vorsicht zu genießen. Dass in Märkten für etablierte Produkte oft ein Preisverfall mit der Zeit zu beobachten ist, liegt nicht unbedingt an positiven Skaleneffekten, sondern vielmehr daran, dass langfristig immer mehr Wettbewerber in den Markt drängen. Im Idealfall eines vollkommenen Wettbewerbs führt dies dazu, dass sich die Marktpreise auf Höhe der minimalen Durchschnittskosten einpendeln. Will man von staatlicher Seite langfristig sinkende oder zumindest konstant niedrige Preise unterstützen, so ist es also vor allem wichtig, das Wettbewerbsniveau hoch und Markteintrittsbarrieren so niedrig wie möglich zu halten, anstatt die Nachfragekurve expansiv zu verschieben. An dieser Stelle lässt sich abschließend festhalten, dass die dynamische Effizienzwirkung der EnEV eher fraglich ist. Sinkende Preise in Folge von Skaleneffekten lassen sich definitiv nicht pauschal unterstellen. Allenfalls die Ankündigung langfristigerer weiterer Verschärfungen kann unter bestimmten Umständen eine gewisse dynamische Effizienzwirkung entfalten.

d. Treffsicherheit

Ist die Verordnung dazu geeignet, ein bestimmtes Reduktionsziel für den Treibhausgasausstoß zu erreichen? Die EnEV beeinflusst den CO_2-Ausstoß im Gebäudesektor nur indirekt über Vorschriften bezüglich des Primärenergiebedarfs. Und dieser Bedarf bezieht sich auch nur auf eine Menge pro Flächeneinheit. Die Gesamtfläche und damit die Gesamtemissionen eines oder mehrerer Gebäude werden von der EnEV nicht beschränkt. Dies beschränkt die Treffsicherheit erheblich.

Ein weiteres Problem liegt in der Ermittlung des Energiebedarfs. Hierbei handelt es sich um einen Rechenwert, der sich nicht nur aus den energetischen Eigenschaften der Bauteile des Gebäudes ergibt, sondern auch genormte Annahmen bezüglich des Nutzungsverhaltens unterstellt. Dies betrifft unter anderem das Heiz- und Lüftungsverhalten sowie den unterstellten Wasserverbrauch. Welches Problem damit verbunden ist, lässt sich gut anhand einer Anekdote aus dem privaten Umfeld des Autors erklären:

> *Verwandte des Autors haben vor einiger Zeit ein neues Haus gebaut, dessen Wärmedämmung die Anforderungen der EnEV 2009 noch deutlich übertraf. Um den Luftaustausch trotz der extrem undurchlässigen Gebäudehülle zu gewährleisten, wurde eine Lüftungsanlage installiert. In einem der vielen Gespräche mit dem Architekten kam die Rede auf die Schlafgewohnheiten der Bauher-*

ren, insbesondere ob sie mit offenem oder geschlossenem Fenster schliefen. Die Antwort lautete: „Bei offenem Fenster, auch im Winter", woraufhin der Architekt seine Gesprächspartner aufklärte, dass dies eigentlich „energetischer Wahnsinn" sei, da dadurch viel von der teuer bezahlten Dämmwirkung der Gebäudehülle verloren gehen würde. Die Bauherren nahmen dies zur Kenntnis. Das Fenster ist nach wie vor offen.

Die Anekdote soll auf keinen Fall als Plädoyer missverstanden werden, auch noch eine gesetzliche Überwachung der Schlafgewohnheiten einzuführen. Vielmehr unterstreicht sie, welche Probleme auftreten, will man eine Zielgröße (z.B. den CO_2-Ausstoß) indirekt beeinflussen, indem man bestimmte Effizienzkriterien unter Annahme bestimmter normmäßiger Verhaltensmuster vorschreibt. Die Realität kann bisweilen anders aussehen.

Als Positivum in puncto Treffsicherheit kann man vielleicht anfügen, dass Abweichungen des realen vom kalkulierten Verhalten nicht immer in die gleiche Richtung gehen werden. Manch einer wird in Realität mehr Energie benötigen, als auf Basis der Norm ermittelt wurde, ein anderer aber vielleicht weniger, so dass sich im Durchschnitt die Abweichungen teilweise aufheben. Insgesamt kann man aber auch dann wohl maximal nur eine mittelmäßige Treffsicherheit eines umweltpolitischen Instrumentes wie der EnEV erwarten.

2.2.2 Erneuerbare-Energien-Gesetz (EEG)

a. Norm[133]

Genaugenommen handelt es sich um das „Gesetz für den Vorrang Erneuerbarer Energien". §1 Abs. 1 definiert sehr anschaulich den Zweck:

„Zweck dieses Gesetzes ist es, insbesondere im Interesse des Klima- und Umweltschutzes eine nachhaltige Entwicklung der Energieversorgung zu ermöglichen, die volkswirtschaftlichen Kosten der Energieversorgung auch durch die Einbeziehung langfristiger externer Effekte zu verringern, fossile Energieressourcen zu schonen und die Weiterentwicklung von Technologien zur Erzeugung von Strom aus Erneuerbaren Energien zu fördern."

[133] Basierend auf EEG 2012

Um dieses Ziel zu erreichen definiert Abs. 2 einige Subziele, die den angestrebten Anteil erneuerbarer Energien an der Stromversorgung in bestimmten Jahren betreffen und in folgender Tabelle zusammengefasst sind:

Tabelle 4: Zielgrößen des EEG bezüglich des Anteils erneuerbarer Energien an der Stromversorgung

bis spätestens 2020	35%
bis spätestens 2030	50%
bis spätestens 2040	65%
bis spätestens 2050	80%

Quelle: Eigendarstellung auf Basis §1 Abs. 2 EEG

§ 5 definiert die Pflicht der Netzbetreiber, Anlagen zur Erzeugung von Strom aus erneuerbaren Energien an das Stromnetz anzuschließen. Notfalls sind sie auch verpflichtet, ihre Netzkapazitäten zu erweitern (§ 9).

Herzstück des EEG ist ein System von Abnahmeverpflichtungen zu Mindestpreisen für Strom aus erneuerbaren Energien und Grubengas. § 16 regelt grundsätzlich diesen Vergütungsanspruch, § 20 definiert, dass die Höhe der Vergütung für neu in Betrieb genommene Anlagen mit den Jahren immer weiter sinken soll. Wie stark die Vergütungen sinken, unterscheidet sich von Energieträger zu Energieträger. § 20a legt zudem speziell für Solar-Strom einen jährlichen Zubaukorridor mit 2500 bis 3500 MW fest. § 20b regelt das Absinken der Mindestpreise für Solarstrom, abhängig davon, ob die neu installierte Leistung den Zubaukorridor überschreitet oder nicht. Zudem legt § 20b Abs. 9a eine absolute Obergrenze für geförderte Solarstromanlagen mit einer Leistung von 52.000 MW fest. Überschreitet die Summe aller geförderten Anlagen diese Leistung, entfällt der garantierte Mindestpreis für Solarstrom für neue Anlagen. Der Gesetzgeber betreibt im Falle des Solarstroms also eine sehr genaue Mengenplanung.

Der Anspruch auf Zahlung eines Mindestpreises besteht für 20 Jahre ab Inbetriebnahme der Anlage (§ 21). Die §§ 23 ff. regeln die einzelnen Mindestpreise für Strom aus erneuerbaren Energien (EE-Strom) im Detail:

Tabelle 5: Vergütung für Strom aus Wasserkraft, Deponie-, Klär- und Grubengas nach EEG 2012

Energie-träger	Vergütung 2012	Beginn der Absenkung	Absen-kungsrate	Anmerkung
Wasserkraft	Leistungsabhängig von • 12,7 ct/kWh bis 500 KW bis • 3,4 ct/kWh bei mehr als 50 MW	ab 2013	1% jährlich	§ 23 Abs. 5 macht den Anspruch auf Mindestvergütung davon abhängig, dass das Kraftwerk entweder ohne Querverbauung auskommt oder diese aus anderen Gründen errichtet wurde.
Deponiegas	• 8,6 ct/kWh bis 500 KW • 5,89 ct/kWh bis 5 MW	ab 2013	1,5% jährlich	
Klärgas	• 6,79 ct/kWh bis 500 KW • 5,89 ct/kWh bis 5 MW	ab 2013	1,5% jährlich	
Grubengas	• 6,84 ct/kWh bis 1 MW • 4,93 ct/kWh bis 5 MW • 3,98 ct/kWh bei über 5 MW	ab 2013	1,5% jährlich	Nur für Grubengas aus Bergwerken des aktiven oder stillgelegten Bergbaus.

Quelle: Eigendarstellung nach EEG 2012

Tabelle 6: Vergütung für Strom aus Biomasse und Geothermie nach EEG 2012

Energie-träger	**Vergütung 2012**	**Beginn der Absenkung**	**Absen-kungsrate**	**Anmerkung**
Biomasse	Leistungsabhängig von • 14,3 ct/kWh bis 150 KW bis • 6,0 ct/kWh bei bis zu 20 MW • Zudem sind beim Einsatz besonders geförderter Biomasse Zuschläge auf die obigen Mindestpreise von bis zu 8 ct möglich. • Für die Vergärung von Bioabfällen und Gülle gelten zudem unter best. Bedingungen noch eigene Sätze von bis zu 16ct (Bioabfall) bzw. 25ct (Gülle)	ab 2013	2,0 % jährlich	Für Biogasanlagen, die nach dem 31.12.2013 in Betrieb genommen werden, gilt die Förderung nur für Anlagen, die 750 KW nicht übersteigen. Im Falle der Produktion von Biogas aus bestimmten nahrungsmittel-tauglichen Pflanzen(-teilen) wird die Förderung zudem nur gewährt, wenn diese Pflanzen max. 60 Massenprozent des fermentierten Materials ausmachen.
Geothermie	• 25 ct/kWh leistungsunabhängig • 30 ct/kWh bei Nutzung petrothermaler Techniken	ab 2018	5% jährlich	

Quelle: Eigendarstellung nach EEG 2012

Tabelle 7: Vergütung von Strom aus Windenergie nach EEG 2012

Energie-träger	Vergütung 2012	Beginn der Absenkung	Absenk-ungsrate	Anmerkung
Windenergie onshore	• Grundvergütung 4,87 ct/kWh • erhöhte Anfangsvergütung für die ersten fünf Jahre von 8,93 ct/kWh • Die Anfangsvergütung kann sich unter bestimmten technischen Voraussetzungen um 0,48 ct erhöhen. • Zudem kann sich die Anfangsvergütung um 0,5 ct erhöhen, wenn Altanlagen durch neue ersetzt werden. • Eine deutliche Verlängerung der Anfangsvergütung an ertragsschwächeren Standorten (Ertrag der Anlage im Vergleich zu einem bestimmten Referenzertrag) ist möglich. • Kleinanlagen bis 50 KW bekommen faktisch immer über die gesamten 20 Jahre die Anfangsvergütung.	ab 2013	1,5 % jährlich	Die Bestimmung des Referenzertrages ist sehr anspruchsvoll. Laut dem Artikel „Erneuerbare-Energien-Gesetz“ in der deutschsprachigen Wikipedia (Stand: 7.11.2012) schafft es derzeit der überwiegende Teil der neuen Windkraftanlagen, die hohe Anfangsvergütung durch entsprechende Wahl der Referenzanlage für die volle Dauer von 20 Jahren in Anspruch zu nehmen.*
Windenergie offshore	• Grundvergütung 3,5 ct/kWh • Anfangsvergütung für die ersten zwölf Jahre von 15 ct/kWh. Die Anfangsvergütung verlängert sich bei Anlagen, die über 12 Seemeilen von der Küste entfernt sind oder bei mehr als 20 m Wassertiefe errichtet wurden. • Bei Anlagen, die vor dem 1.1.2018 in Betrieb genommen werden, hat der Betreiber die Wahl, eine noch höhere Anfangsvergütung von 19 ct/kWh, allerdings nur für acht Jahre, in Anspruch zu nehmen.	ab 2018	7% jährlich	Es gibt Einschränkungen für Naturschutz-gebiete.

Quelle: Eigendarstellung nach EEG 2012; *de.wikipedia.org

Tabelle 8: Solarstromvergütung nach EEG 2012

Energieträger	**Vergütung 2012**	**Beginn der Absenkung**	**Absenkungsrate**	**Anmerkung**
Solarstrom	Stand 1.11.2011* • 12,39 ct/kWh für Anlagen bis max. 10 MW • Auf Ackerflächen wird keine Förderung mehr gewährt. • Für Anlagen, die ausschließlich an einem Gebäude oder einer Lärmschutzwand angebracht sind, ist eine Erhöhung des Mindestpreises leistungsabhängig auf bis zu 17,9 ct möglich.	seit Mai 2011	1% **monatlich**	Die 1%ige Absenkung der Fördersätze pro Monat gilt, wenn der Zubau innerhalb des Zubaukorridors liegt. Ist der Zubau geringer, verringert sich die Absenkung, ist er höher, erhöht sich die Absenkung. Da dies in den letzten Monaten der Fall war, hat sich die Absenkung seit 1. Nov. 2012 bis mindestens Januar 2013 auf 2,5% monatlich erhöht.

Quelle: Eigendarstellung nach EEG 2012; *Metzl 2012; **Metzl 2012 und Focus online 1.11.2012

Die Vergütung ist so zu verstehen, dass eine Anlage die Vergütungssätze, die zum Zeitpunkt ihrer Inbetriebnahme galten, auf 20 Jahre garantiert bekommt. Die jährliche oder monatliche Absenkung betrifft Anlagen, die nach dem Zeitpunkt der Absenkung in Betrieb genommen wurden. Die Vergütung der bestehenden Anlagen bleibt unberührt.

Neben dem Verkauf an den Netzbetreiber zum Mindestpreis ist auch eine Direktvermarktung des Anlagenbetreibers möglich. Die §§ 33a ff. regeln die Direktvermarktung. Es gibt verschiedene Formen der Direktvermarktung, relevant sind davon vor allem die folgenden zwei:

1. Direktvermarktung und Inanspruchnahme der Marktprämie

2. Direktvermarktung zur Verringerung der EEG-Umlage

Im ersten Fall verkauft der Anlagenbetreiber seinen Strom an einen Kunden seiner Wahl zu einem frei zu verhandelnden Preis. Zusätzlich kann der Anlagenbetreiber vom Netzbetreiber, an dessen Netz er angeschlossen ist, eine Marktprämie verlangen (§ 33g). Die §§ 33g, 33h und Anlage 4 regeln die Höhe der Marktprämie. Die

Idee, die dahinter steht, ist im Wesentlichen folgende: Es wird monatlich ein Marktpreis für Strom aus der jeweiligen Energiequelle (für Wind- und Solarstrom gibt es bspw. eigene Marktpreise) anhand von Daten des Spotmarktes an der Strombörse in Leipzig ermittelt. Von diesem Marktpreis werden geschätzte Vermarktungskosten abgezogen. Der verbleibende Rest wird von der Mindestvergütung abgezogen, die man ohne Direktvermarktung normalerweise in Anspruch nehmen könnte. Sofern die Differenz positiv ist, erhält der Anlagenbetreiber von seinem Netzbetreiber diesen Wert als Marktprämie. Es wird also letztlich die Differenz zwischen Mindestvergütung und einem allgemeinen Marktpreis bezahlt. Es ist nicht relevant, zu welchem Preis der einzelne Anlagenbetreiber im konkreten Fall seinen Strom vermarktet.

Die zweite Möglichkeit, Direktvermarktung zur Verringerung der EEG-Umlage, betrifft eigentlich nur Elektrizitätsversorgungsunternehmen. Wenn der Strom, den sie an ihre Letztverbraucher liefern, zu bestimmten Prozentsätzen aus erneuerbaren Quellen stammt, können Netzbetreiber, die EEG-Umlage, die sie trifft, um 2 ct/kWh verringern (§ 39).

Die Verteilung der Kosten für die Förderung durch das EEG ist in den §§ 34-39 geregelt. Gefördeter Strom, der von Anlagenbetreibern an Netzbetreiber verkauft wurde, wird von den Netzbetreibern an die Übertragungsnetzbetreiber weitergereicht (§ 34). Der Übertragungsnetzbetreiber muss dem Netzbetreiber die Vergütungen, die er gewährt hat, ersetzen. Dann erfolgt ein Ausgleich zwischen den Übertragungsnetzbetreibern (§ 36). Das Kernstück des Systems ist die EEG-Umlage (§ 37). Danach erfolgt die Vermarktung des geförderten Stroms durch die Übertragungsnetzbetreiber. Die Differenz zwischen Einnahmen und Ausgaben aus dieser Vermarktung wird in der sog. EEG-Umlage gebündelt und in Form einer bundesweit einheitlichen Umlage in ct/kWh von den Übertragungsnetzbetreibern an die Elektrizitätsversorgungsunternehmen (EVUs), die Strom an Letztverbraucher liefern, berechnet. Die EVUs können diese Umlage an die Stromkunden weiterbelasten.

Sehr wichtig für die Wirkung des EEG sind die §§ 40-44. Diese regeln nämlich die Entlastungen für bestimmte besonders große Stromverbraucher. Entlastungsfähig sind Unternehmen des produzierenden Gewerbes (§ 41) und Schienenbahnen (§ 42). Die wichtigsten Voraussetzungen für eine Entlastung von produzierenden Unternehmen sind, dass sie

a. mindestens 1 GWh Strom im Jahr verbrauchen, und

b. die Stromkosten im Verhältnis zur Bruttowertschöpfung des Unternehmens mindestens 14% betragen.[134]

§ 42 Abs. 3 regelt die Höhe der Entlastung:

„(3) Für Unternehmen, deren Strombezug im Sinne von Absatz 1 Nummer 1 Buchstabe a

1. mindestens 1 Gigawattstunde betragen hat, wird die EEG-Umlage hinsichtlich des an der betreffenden Abnahmestelle im Begrenzungszeitraum selbst verbrauchten Stroms
   a) für den Stromanteil bis einschließlich 1 Gigawattstunde nicht begrenzt,
   b) für den Stromanteil über 1 bis einschließlich 10 Gigawattstunden auf 10 Prozent der nach § 37 Absatz 2 ermittelten EEG-Umlage begrenzt,
   c) für den Stromanteil über 10 bis einschließlich 100 Gigawattstunden auf 1 Prozent der nach § 37 Absatz 2 ermittelten EEG-Umlage begrenzt und
   d) für den Stromanteil über 100 Gigawattstunden auf 0,05 Cent je Kilowattstunde begrenzt oder
2. mindestens 100 Gigawattstunden und deren Verhältnis der Stromkosten zur Bruttowertschöpfung mehr als 20 Prozent betragen hat, wird die nach § 37 Absatz 2 ermittelte EEG-Umlage auf 0,05 Cent je Kilowattstunde begrenzt."

Schienenbahnen, die über 10 GWh Strom im Jahr verbrauchen, können für 90% dieses Stroms die EEG-Umlage auf 0,05 ct/kWh begrenzen (§ 42).

b. Statische Effizienz

Kaum ein Instrument im Klimaschutz wurde in der jüngsten Vergangenheit in Deutschland so kontrovers diskutiert wie das EEG. Insbesondere die drastische Reduzierung der Solarstromförderung, aber auch die Begünstigung von Strom-Großverbrauchern bei der EEG-Umlage war Anlass heftiger Kontroversen. Einen

[134] §41 Abs. 1 EEG

gewissen Überblick über die Debatte und die divergierenden Meinungen gibt der Wikipedia-Artikel zum EEG.[135]

Das Erste, was beim Lesen des Abschnitts „Beurteilung“ im Wikipedia-Artikel auffällt, ist, dass die positiven Stimmen wesentlich mehr Platz einnehmen als die negativen. Es fällt allerdings auch auf, dass viele der positiven Stimmen auf Unternehmen aus dem Bereich der erneuerbaren Energien und auf den Bundesverband Erneuerbare Energien, den Dachverband der Erneuerbare-Energien-Branche, zurückgehen. Zunächst ist es sicherlich erfreulich, wenn Betroffene einer gesetzlichen Maßnahme diese loben. Dem Ökonomen, der davon ausgeht, dass die handelnden Akteure bei all ihren öffentlichen Meinungsbekundungen zu allererst ihren eigenen Nutzen im Blick haben, drängt sich bei sehr viel Lob seitens der Unternehmen und Interessenverbände jedoch die Frage auf, ob sich mit der betreffenden gesetzlichen Maßnahme nicht erhebliche Renten generieren lassen (Rent-Seeking, mehr dazu in Kapitel 3). Das Gesetz erfreut sich jedoch auch bei Umweltverbänden wie dem BUND großer Beliebtheit. Es wird u.a. auf zwei Publikationen, eine des DIW[136] und eine, die an der University of Cambridge zusammen mit dem MIT[137] verfasst wurde, verwiesen, die die Wirksamkeit, Effizienz und Wettbewerbsfreundlichkeit des EEG loben würden. Auf der anderen Seite steht vor allem der wissenschaftliche Beirat des Bundeswirtschaftsministeriums, der die industriepolitische Motivation des EEG und die gezielte Privilegierung bestimmter Technologien kritisiert und dabei auf die negativen Erfahrungen mit geschützten Märkten verweist.[138]

Diese kurze Darstellung soll als Input für die Effizienzanalyse dienen. Wie bereits dargestellt wurde, gehen wir vereinfachend der Frage nach kosteneffizienter Reduktion der THG-Emissionen nach. Zunächst ist dabei im Falle des EEG bemerkenswert, dass es sich eigentlich überhaupt nicht mit Treibhausgasen befasst. Das Problem wird vielmehr indirekt angegangen. Die Politik definiert ein Subziel (ein

---

[135] de.wikipedia.org: Erneuerbare-Energien-Gesetz. Die Zitierfähigkeit von Wikipedia ist in wissenschaftlichen Kreisen umstritten. An dieser Stelle scheint es aber durchaus angemessen, auf einen Artikel der Wikipedia zurückzugreifen, da die Enzyklopädie aufgrund ihres offenen Konzepts, das zu einer sehr breiten Beteiligung einlädt, gut dafür geeignet scheint, einen komprimierten Überblick über die unterschiedlichen aktuell kursierenden Meinungen in der öffentliche Debatte um die Förderung von Erneuerbaren-Energien-Strom (EE-Strom) zu geben.

[136] Deutsches Institut für Wirtschaftsforschung e.V. Artikel von Diekmann & Kemfert 2005

[137] Massachusetts Institute of Technology. Working Paper von Butler & Neuhoff 2004

[138] Vgl. de.wikipedia.org: Erneuerbare-Energien-Gesetz

gewünschter Anteil erneuerbarer Energien an der Gesamtstromversorgung), dessen Erreichung neben anderen Zielen auch dem Klimaschutz dienen soll. Dieses Subziel wird dann noch weiter heruntergebrochen auf die individuelle Förderung einzelner Technologien. Ein technologie-spezifischer Fördersatz, der sich an den Stromerzeugungskosten der einzelnen Technologien orientiert[139], stellt sicher, dass auch die Stromerzeugung mit solchen Technologien ausgebaut wird, die im Moment noch sehr weit von der Wettbewerbsfähigkeit entfernt sind (marktfern). Auch wenn im Gesetz konkrete Ziele nur für den Anteil aller erneuerbaren Energien an der Stromversorgung zusammen genannt sind, nicht für den Anteil einzelner Technologien, so verfolgt der Gesetzgeber doch mithilfe der individuellen Mindestvergütungen, die teilweise auch je nach Anlagengröße divergieren, eindeutig technologie-spezifische Ausbaupläne, im Falle der Solarstromerzeugung sogar mit einem konkreten Ausbaukorridor pro Jahr und einer eindeutigen Obergrenze für die Gesamtleistung aller installierten Anlagen. Dies verleiht dem EEG, trotz seiner grundsätzlichen Marktorientierung als Lenkungssubvention, einen sehr planwirtschaftlichen Charakter. Da das EEG also eindeutig auf den Ausbau von EE-Strom abstellt, erfolgt die statische Effizienzanalyse in zwei Schritten.

i. Effizienter Ausbau von erneuerbaren Energien

Im ersten Schritt gehen wir der Frage nach, ob der – politisch vorgegebene – Ausbau des Anteils erneuerbarer Energien an der Stromversorgung mithilfe des EEG kosteneffizient erreicht werden kann. In der Diskussion im Wikipedia-Artikel wurden u.a. zwei Publikationen zitiert, die genau dies nachweisen würden. Liest man die Originalquellen, stellt sich die Angelegenheit etwas differenzierter dar. BUTLER & NEUHOFF 2004 beziehen sich bspw. ausschließlich auf Windenergie. Sie vergleichen u.a. die Entwicklung der installierten Anlagenkapazität und des Preises pro kWh Strom aus Windkraft in Großbritannien und Deutschland. Im Gegensatz zu Deutschland verfolgte Großbritannien zu diesem Zeitpunkt die Strategie, den Ausbau von EE-Strom mittels verpflichtenden Quoten für die Elektrizitätsversorger sicherzustellen. Die EVUs mussten entweder selber EE-Strom produzieren oder ihn in Form von Zertifikaten von anderen EE-Strom-Produzenten zukaufen. BUTLER & NEUHOFF zeigen, dass die installierte Leistung für Windkraft unter dem deutschen

[139] Vgl. Diekmann & Kemfert 2005, S. 447

Regime um vieles schneller wuchs als unter dem britischen System.[140] Allerdings muss dazu gesagt werden, dass die Mindestquoten, die von der britischen Politik vorgegeben wurden, relativ gering waren. Der Preis pro kWh Strom, den die Windstromproduzenten in Deutschland erhielten, lag nicht weit über denen in Großbritannien oder sogar darunter, vor allem, wenn man die größeren „Windressourcen" in Großbritannien mit berücksichtigt.[141]

Der Ausbauerfolg von Windkraft unter dem EEG und seinem Vorgängergesetz, dem Stromeinspeisungsgesetz (StreG), ist mikroökonomisch wenig verwunderlich. Führt man für ein Produkt eine Abnahmegarantie zu einem Mindestpreis ein, der über dem Preis liegt, der sich normalerweise aus Angebot und Nachfrage ergeben würde (wie beim EEG), ist ein Anstieg der Produktion äußerst wahrscheinlich. Das Ganze ist nur eine Frage der Höhe der Mindestvergütung. Man denke nur an die jahrzehntelang betriebene Form der Agrarförderung in der EG mit garantierten Mindestpreisen für bestimmte Agrarprodukte. Eingeführt wurde auch sie mit dem Ziel, die Produktion (in diesem Fall die Agrarproduktion) in der EG zu steigern. Diese Politik war auch hochwirksam, so wirksam, dass man am Ende auf riesigen Butterbergen saß. Die Wirksamkeit des EEG beim Ziel der Produktionssteigerung dürfte außer Frage stehen. Eine etwas andere Frage ist jedoch jene nach der ökomischen Effizienz einer derartigen Maßnahme. Hier liefern BUTLER & NEUHOFF das interessante Ergebnis, dass die Produktion von Windstrom unter einem Regime mit Mindestpreisen, das den Wettbewerb der Anlagenbetreiber beim Verkauf ihrer Produkte ausschaltet, scheinbar sogar günstiger möglich ist als unter einem Regime, das wesentlich mehr Wettbewerb unter den Anlagenbetreibern zulässt. BUTLER & NEUHOFF begründen dies damit, dass der Preis pro kWh Windstrom wesentlich vom Preis für Windturbinen abhängt und der Konkurrenzkampf zwischen den Anlagenherstellern in Deutschland größer zu sein scheint.[142] Dies ist möglicherweise eine Folge des größeren Marktes für Windturbinen in Deutschland in Folge des hohen Ausbaus. Es gibt jedoch noch eine zweite Erklärung für die günstigen Windstrompreise in Deutschland, die BUTLER & NEUHOFF erwähnen, und mit der sich auch DIEKMAN & KEMFERT 2005[143] befassen: Risikokosten. Produzenten von Gütern aller Art müssen normalerweise mit dem Risiko leben, ob sie a) alle ihre Pro-

[140] Butler & Neuhoff 2004, S. 5ff.

[141] Butler & Neuhoff 2004, S. 7-18

[142] Butler & Neuhoff 2004, S. 29

[143] S. 446

dukte verkaufen können, und b) zu welchem Preis. Dieses Risiko muss üblicherweise in den Produktpreis eingepreist werden. Das EEG eliminiert das Absatz- und Preisrisiko für die Dauer von 20 Jahren gänzlich. Die Produzenten von Windstrom brauchen das Risiko nicht einzupreisen, Windstrom kann ceteris paribus billiger angeboten werden. Der Aspekt der Risikokosten zeigt jedoch auch, dass ein simpler Vergleich der Preise pro kWh Strom im Verkauf für eine Analyse der Kosteneffizienz viel zu kurz greift. Es geht nämlich um die gesamtgesellschaftlichen Kosten. Und die Risiken verschwinden schließlich nicht. Sie werden im Falle des EEG nur vom Stromproduzenten auf die Stromkunden verlagert. Jede kWh EE-Strom muss abgenommen und zum Mindestsatz vergütet werden, egal wie hoch der aktuelle Strommarktpreis ist. Im Zweifel steigt einfach die EEG-Umlage für die Stromkunden.

Ein Hauptproblem des EEG, wenn es kosteneffizient den Anteil von EE-Strom steigern will, dürften die stark unterschiedlichen Mindestpreise sein, die für Strom aus verschiedenen erneuerbaren Quellen gewährt werden. Unterschiedliche Mindestpreise sind aus umweltökonomischer Sicht durchaus begründbar, nämlich dann, wenn mit der Stromproduktion neben dem CO_2-Ausstoß noch andere negative externe Effekte verbunden sind, die eingepreist werden sollen. Reduziert Windenergie zwar bspw. den CO_2-Ausstoß, verursacht aber dafür andere externe Kosten wie Lärmemissionen oder die Zerstörung der Landschaft, so ist es durchaus gerechtfertigt, wenn die Förderung für Windenergie niedriger ausfällt als für Solarstrom, der auf Hausdächern produziert wird und möglicherweise keine negativen externen Effekte verursacht. In diesem Fall müssten die unterschiedlichen Mindestvergütungen Unterschiede in den externen Kosten widerspiegeln. Dies tun sie aber gerade nicht. Die unterschiedlichen Mindestpreise orientieren sich an den betriebswirtschaftlichen Kostendifferenzen der Technologien. Ein solches Maß für die Differenzierung ist umweltökonomisch problematisch. Begründet wird dieses Vorgehen mit dem Ziel, Renten bei den EE-Stromproduzenten abzuschöpfen und so die Kosten für die Stromkunden gering zu halten.[144] Würde eine einheitliche Mindestvergütung gewährt, wäre dies für die marktfernsten Technologien vermutlich das Aus, die Produzenten, die besonders kostengünstig EE-Strom produzieren, könnten unter Umständen erhebliche Renten empfangen. Allerding erfordert eine solche Abschöpfung von Produzenten-Renten einen sehr hohen Informationsstand des zentralen

[144] Diekman & Kemfert 2005, S. 447

Planers über die Kostenfunktion einzelner Anlagen. Es ist kaum realistisch anzunehmen, dass der Gesetzgeber über derartig präzise und aktuelle Informationen verfügt. Und selbst wenn er es täte, müsste er regelmäßig den Gesetzestext an die aktuellen Werte anpassen, was in der politischen Praxis vermutlich auch schwierig sein dürfte. Man kann daher mit Sicherheit davon ausgehen, dass die Rentenabschöpfung in der Praxis nur eingeschränkt funktioniert. Zugleich stellt gerade die gesetzliche Fixierung von technologie-spezifischen Fördersätzen einen erheblichen Angriffspunkt für Rent-Seeking-Aktivitäten dar (vgl. Kapitel 3). Dies beginnt schon damit, dass der Gesetzgeber bei der Ermittlung der Kostendifferenz in der Praxis auf Daten von Anlagebetreibern und/oder Anlageherstellern angewiesen sein wird. Dass, wo immer möglich, Daten selektiv im Sinne des eigenen Vorteils weitergegeben werden, kann unterstellt werden. Auf der anderen Seite führt die technologie-spezifische Förderung dazu, dass auch die Produktion mit sehr marktfernen Technologien massiv ausgebaut wird, während Anlagen, die an sich billiger EE-Strom produzieren könnten, vermutlich in einigen Fällen nicht realisiert werden, weil die technologie-spezifische Mindestvergütung für die konkrete Anlage doch zu niedrig ist.

Zusammenfassend kann man sagen, dass das EEG bei der Steigerung des Anteils erneuerbarer Energien an der Stromversorgung sehr wirksam ist. Mit Sicherheit geschieht dies aber auch nicht kostenminimal im Sinne der sozialen Gesamtkosten. Der Verteilungsaspekt, mit Abschöpfung von Produzentenrente einerseits und dem Versuch von Rent-Seeking, den man sicherlich unterstellen kann, andererseits, ist schwer einschätzbar.

ii. Kosteneffiziente Reduktion von Treibhausgas-Emissionen

Damit sind wir aber noch nicht am Ende der statischen Effizienzanalyse angekommen. Im zweiten Schritt soll hinterfragt werden, ob die Förderpolitik des EEG dazu geeignet scheint, kosteneffizient Treibhausgase einzusparen. Problematisch ist sicherlich, dass, wie im vorherigen Abschnitt erläutert, der Anteil von EE-Strom vermutlich nicht kosteneffizient gesteigert wird. Das EEG offeriert aber auch eindeutige Vorteile für die effiziente Minderung von CO_2-Emissionen.

Die Finanzierung der Mindestvergütung über die EEG-Umlage verteuert den Strom für Stromverbraucher. Dadurch wird ein starker Anreiz geschaffen, Strom insgesamt einzusparen. Da dieser Anreiz nicht über eine Auflage, sondern über den

Strompreis geschaffen wird, kommt es auch zu keiner Verzerrung zwischen den einzelnen Möglichkeiten Strom einzusparen. Insbesondere stehen die beiden Lösungswege

- Verzicht auf den Konsum von Strom bzw. stromintensiven Gütern und
- Steigerung der Energieeffizienz

allen Akteuren offen. Man kann daher davon ausgehen, dass das optimierende Verhalten der Individuen dazu führen wird, dass dort Strom eingespart wird, wo es besonders kostengünstig möglich ist.

Aus Effizienzgesichtspunkten äußerst problematisch ist allerdings die Entlastung großer Stromverbraucher bei der EEG-Umlage. Dies mindert die Anreizwirkung Strom einzusparen nicht unerheblich und kann im schlimmsten Fall sogar einen Anreiz bilden, Strom ineffizient einzusetzen, um die geforderten absoluten und relativen Größen im Stromverbrauch zu überschreiten, die als Bedingung für die Entlastung vorgeschrieben sind.

Problematisch ist auch noch ein anderer Aspekt des EEG. Es schafft zwar unverzerrte Anreize Strom insgesamt einzusparen, es schafft aber erheblich verzerrte Anreize bezüglich der Möglichkeiten den CO_2-Ausstoß pro kWh Strom zu reduzieren, indem es nur den Ausbau erneuerbarer Energien fördert. Alternative Möglichkeiten wie eine Modernisierung des fossilen Kraftwerkparks werden benachteiligt. Zudem muss nach der Einführung des Emissionshandels, mit dem es in der Energiewirtschaft Überschneidungen mit dem EEG gibt, sehr genau darauf geachtet werden, dass die Emissionszertifikate, die maximal zur Verfügung stehen, entsprechend dem Ausbauerfolg des EEG gemindert werden. Ansonsten besteht die Gefahr, dass der subventionierte Ausbau von EE-Strom letztlich zu einer Subventionierung von Emissionszertifikaten führt und deren Preis verbilligt, wodurch die Wirksamkeit des Emissionshandels deutlich gemindert würde.[145]

iii. Fazit statische Effizienz EEG

Im Vergleich zum vorher behandelten Instrument der EnEV hat das EEG deutliche Vorteile. Zum einen steht die Wirksamkeit außer Frage. Zum anderen macht es insbesondere keine Vorgaben, wer wo wieviel Öko-Strom zu produzieren hat. Es gewährt nur Mindestvergütungen und stellt somit zumindest sicher, dass nur Projekte

[145] Vgl. Diekman & Kemfert 2005, S. 445

realisiert werden, deren Stromproduktionskosten bei maximal dieser Mindestvergütung liegen. Gleichzeitig schafft es Anreize den Stromverbauch insgesamt effizient zu mindern.

Problematisch ist sicherlich die Differenzierung der Vergütungen nach Technologien, die sich nicht nach externen Effekten richtet, sondern vor allem an betriebswirtschaftlichen Kostendifferenzen orientiert. Diese Differenzierung ist verteilungspolitisch (Abschöpfung von Produzentenrente) aber auch industriepolitisch (Förderung auch von marktfernen Technologien) motiviert. Genauso problematisch ist die Entlastung großer Stromverbraucher bei der EEG-Umlage.

c. Dynamische Effizienz

Die automatische Absenkung der Mindestvergütung über die Zeit bildet im EEG einen starken Anreiz für dynamische Effizienzsteigerung. Insbesondere setzt es die Anlagenhersteller dem Druck aus, ihre Produkte permanent zu verbessern, um die Erzeugungskosten für EE-Strom mit der Zeit zu senken. Diese dynamische Anreizwirkung kann jedoch nur bestehen, wenn die Absenkung der Mindestvergütung auch politisch konsequent umgesetzt wird. Dazu gehört insbesondere, dass bei eventuellen Gesetzesnovellen, die es in der Vergangenheit regelmäßig gab, keine Verringerung der Absenkung oder eine nochmalige Erhöhung der Mindestvergütung vorgenommen wird. Bei vergangenen Novellen des EEG war dies aber teilweise der Fall. Solche Anpassungen der Mindestvergütungen nach oben können politisch durchaus begründbar sein, bspw. wenn die gewünschten Ausbauziele einer bestimmten Technologie nicht erreicht wurden. Derartige Anpassungen führen aber auch dazu, dass sich die Bemühungen der Anlagenhersteller verlagern werden. Wenn es möglich erscheint, den Gesetzgeber zu einer nachträglichen Erhöhung der Mindestvergütung oder einer Minderung der Absenkung zu bewegen, so wird es in vielen Fällen für Anlagenhersteller rational sein, erhebliche Ressourcen in die Beeinflussung der politischen Entscheidungsfindung zu „investieren“ anstatt in die Weiterentwicklung ihrer Produkte.

Auch die oft getroffene Annahme von Lernkurveneffekten ist problematisch. Bei Lernkurveneffekten geht man davon aus, dass die Stückkosten für ein Gut aufgrund eines höheren Know-hows in der Fertigung sinken, wenn die produzierte Menge steigt.[146] Die Produktion lernt quasi mit jedem neuen Stück, das produziert wird,

[146] Fritsch et al. 2003, S.182

dazu. Mit Lernkurveneffekten wird gerne die Anschubsubvention von Technologien mit marktfernem Preis-Leistungs-Verhältnis begründet.[147] Das Beispiel der Solarbranche zeigt jedoch, dass eine sehr hohe Anschubsubvention mit der pauschalen Unterstellung von Lernkurveneffekten sehr gefährlich sein kann. Die hohe Solarstromförderung hat seit dem ersten EEG im Jahre 2000 unbestritten zu einem enormen Boom bei der Neuinstallation von Photovoltaikmodulen geführt. Genauso unbestritten hat es damit zum Aufbau einer großen heimischen Herstellerindustrie beigetragen. Allein, fit für den Weltmarkt hat die hohe Anschubfinanzierung die Solarstrombranche, insbesondere die einheimischen Anlagenhersteller, nicht gemacht. Seit die Kürzung der Solarstromförderung umgesetzt wurde, rollte 2012 eine regelrechte Pleitewelle über die deutschen Solarzellenhersteller und erwischte unter anderem auch den ehemaligen Weltmarktführer (bei dem man ja der Definition nach einen hohen Lernkurveneffekt hätte erwarten können). Das HANDELSBLATT schrieb im Juli 2012 zu den Ursachen: „Die deutschen Unternehmen können nicht mit der Konkurrenz aus Fernost mithalten. Denn die Produktionskosten deutscher Unternehmen sind bis zu 15 Prozent höher als die der Asiaten. Hinzu kommen eigene Fehler. Die Deutschen haben jahrelang die Entwicklung neuer Produkte verpasst, sich stattdessen auf üppige staatliche Förderungen verlassen.“[148]

Zusammenfassend lässt sich sagen, dass das EEG sicher gute Ansätze für dynamische Effizienzsteigerungen hat, diese aber eine konsequente Umsetzung insbesondere der permanenten Absenkung der Vergütungssätze erfordern. Lernkurveneffekte als Argument für Subventionen sind hingegen sehr fragwürdig (man könnte dieses Argument letztlich für jede neue Technologie ins Feld führen).[149] Im besonderen Maße gilt dies für sehr hohe Vergütungssätze sehr marktferner Technologien. Diese können leicht zu einer massiven Fehlallokation führen und bergen nicht zuletzt die Gefahr, Arbeitsplätze zu kreieren, die dauerhaft von staatlichen Subventionen abhängig sind. Das EEG muss zudem durch andere Instrumente ergänzt werden, damit neben dem Ausbau erneuerbarer Energien auch dynamische Anreize für alternative Möglichkeiten geschaffen werden, die CO_2-Intensität der Stromversorgung zu reduzieren.

147 Vgl. bspw. VDI o.J.: Speichertechnologien

148 Hackhausen 2012

149 Vgl. de.wikipedia.org: Erneuerbare-Energien-Gesetz

d. Treffsicherheit

Im Hinblick auf die Treffsicherheit des EEG muss man zwischen den unterschiedlichen Zielen differenzieren, die das EEG verfolgt. Das Subziel ist die Erreichung bestimmter Anteile von EE-Strom an der Stromversorgung insgesamt. Dieses Ziel zu erreichen, dürfte durch entsprechende Anpassungen der Fördersätze und gegebenenfalls die Einführung eines Zielkorridors wie bei der Solarstromförderung relativ treffsicher möglich sein. Allerdings kann die dafür notwendige Anpassung der Fördersätze in einem Spannungsverhältnis zur dynamischen Effizienzwirkung stehen und Anreiz für Rent-Seeking geben.

Die Treffsicherheit bezüglich des übergeordneten Zieles, den CO_2-Ausstoß zu reduzieren, dürfte geringer sein. Der CO_2-Ausstoß, der aus der Elektrizitätsversorgung resultiert, hängt neben dem Anteil von EE-Strom auch von der CO_2-Intensität des übrigen Stromes ab und vom Stromverbauch insgesamt. Darauf hat das EEG wenig Einfluss. Die EEG-Umlage als wichtiges Anreizmoment, den Stromverbrauch insgesamt zu senken, bildet in gewisser Weise die Differenz zwischen Mindestvergütung und Börsenpreis für Strom ab. Wenn daher der Börsenpreis aufgrund einer expansiven Verschiebung der Angebotskurve steigt, kann dies ceteris paribus die EEG-Umlage senken, was die dämpfende Wirkung der Umlage auf die Stromnachfrage dann aber ausgerechnet in einer Situation gestiegener Nachfrage reduziert.

2.2.3 Der Emissionshandel

Der Emissionshandel ist EU-weit organisiert und sein Rahmen entsprechend durch EU-Richtlinien geregelt. Es bedarf jedoch einer Umsetzung ins nationale Recht, die von Staat zu Staat variieren kann. In Deutschland ist der Emissionshandel in einer ganzen Reihe von Gesetzen und Verordnungen umgesetzt. Die aus Sicht dieser Arbeit drei wichtigsten sind:

- **Das Gesetz über den Handel mit Berechtigungen zur Emission von Treibhausgasen (Treibhausgas-Emissionshandelsgesetz – TEHG):** Es regelt unter anderem, wer am Handel teilnehmen muss, wie die jährlichen Emissionen ermittelt und berichtet werden müssen, wie man der Pflicht zur Abgabe von Emissionsberechtigungen nachkommen muss und wie die Emissionsberechtigungen gehandelt oder beim Staat ersteigert werden können.

- **Die Verordnung über die Zuteilung von Treibhausgas-Emissionsberechtigungen in der Handelsperiode 2013 bis 2020 (Zuteilungsverordnung 2020 – ZuV 2020):** Sie regelt, wer unter welchen Bedingungen wie viele Emissionszertifikate kostenlos zugeteilt bekommt.
- **Das Gesetz über projektbezogene Mechanismen nach dem Protokoll von Kyoto zum Rahmenübereinkommen der Vereinten Nationen über Klimaänderungen vom 11. Dezember 1997 (Projekt-Mechanismen-Gesetz – ProMechG):** Das Kyoto-Protokoll bietet Unterzeichnerstaaten die Möglichkeit ihre Klimaverpflichtungen anstelle eigener Einsparungen in einem gewissen Rahmen auch dadurch zu erfüllen, dass in anderen Ländern Projekte zum Klimaschutz finanziert werden und der finanzierende Staat sich die geschätzten Emissionsminderungen anrechnen kann. Auf diese Weise sollte insbesondere den Entwicklungsländern die Chance eröffnet werden, am Technologietransfer aus den hochentwickelten Ländern zu partizipieren. Praktisch relevant wurde dieser Mechanismus in der EU vor allem durch die Entscheidung, derartige Projekte als Möglichkeit für die Teilnehmer des Emissionshandels anzuerkennen, ihrer Pflicht zur Abgabe von Emissionsberechtigungen nachzukommen. Die entsprechenden Details sind in Deutschland im ProMechG geregelt.

Der Emissionshandel ist in der EU in Form mehrjähriger Handelsperioden organisiert. Die letzte Handelsperiode lief von 2008 bis 2012. Die kommende Periode wird von 2013 bis 2020 laufen. Für die neue Handelsperiode wurde das TEHG in 2011 reformiert und die ZuV 2020 komplett neu geschrieben. Die kommende Darstellung behandelt die neuen Regelungen, die mit Beginn 2013 für den Emissionshandel gelten.

a. Das TEHG 2011[150]

Eine bedeutende Reform des TEHG, die 2011 eingeflossen ist, stellt die Aufnahme des Luftverkehrs in den Emissionshandel dar. § 2 Abs. 6 regelt dies. In der umweltökonomischen Theorie findet man häufig den Begriff „Emissionszertifikate" für handelbare Verschmutzungsrechte, abweichend davon spricht das TEHG (und die ZuV) von „Berechtigungen". Gemeint ist damit aber das Gleiche. § 3 Nr. 3 definiert eine „Berechtigung" als das Recht, eine Tonne CO_2 oder CO_2-Äquivalente in einem bestimmten Zeitraum zu emittieren. Neben den normalen Berechtigungen

[150] Basierend auf TEHG 2011

gibt es noch spezielle Berechtigungen für den Luftverkehr, die an sich den übrigen Berechtigungen gleichgestellt sind, aber nur von Luftfahrzeugbetreibern verwendet werden können (§ 3 Nr.8).

Der § 5 regelt die Ermittlung der Emissionen, die von den Teilnehmern jährlich ausgestoßen werden und die Berichtsform darüber. In § 7 ist bestimmt, wie die Teilnehmer ihrer Pflicht zur Abgabe von Emissionsberechtigungen nachkommen können. Die Betreiber haben jährlich bis zum 30. April der zuständigen Behörde Emissionsberechtigungen im Umfang ihrer im Vorjahr verursachten Emissionen abzugeben (Abs. 1). Eine wichtige Einschränkung besteht darin, dass Anlagenbetreiber diese Verpflichtungen nicht durch Abgabe der speziellen Luftverkehrsberechtigungen erfüllen können. Absatz 2 stellt klar, dass die Berechtigungen zwar immer nur für eine bestimmte Periode gelten, aber, wenn sie nicht verbraucht wurden, in Berechtigungen für eine spätere Periode umgetauscht werden können. Faktisch können die Berechtigungen also angespart werden.

Der § 8 regelt die Versteigerung von Berechtigungen, die nicht kostenlos zugeteilt wurden, durch den Staat. Ein Instrument, das gegenüber früheren Handelsperioden deutlich ausgebaut wurde (siehe dazu auch ZuV 2020). Die kostenlose Zuteilung an bestimmte Anlagenbetreiber ist in § 9 geregelt. Interessant ist, dass auch hier eine Unzumutbarkeitsklausel eingebaut wurde (Abs. 5). Wenn die nach den vorgesehenen Regeln zugeteilte Menge an Berechtigungen für den Betroffenen eine unzumutbare Härte darstellt (es ist nicht näher definiert, was das heißt), können mehr Berechtigungen zugeteilt werden.

Mit der kostenlosen Zuteilung der speziellen Berechtigungen für Luftfahrzeugbetreiber befasst sich § 11. Die Zuteilung richtet sich dabei nach der Transportleistung des Luftfahrzeugbetreibers in Tonnenkilometern in einem Basisjahr, multipliziert mit einem Richtwert, der von der Europäischen Kommission bestimmt wird. Als Basisjahr gilt dabei das Kalenderjahr, das 24 Monate vor Beginn der jeweiligen Handelsperiode endete (Abs. 1 u. 2). Zudem gibt es noch eine Sonderreserve von Berechtigungen, aus der die Luftfahrzeugbetreiber unter bestimmten Umständen zusätzliche Zuteilungen erhalten können, bspw. wenn die „erbrachte Transportleistung in Tonnenkilometern im Zeitraum zwischen dem Basisjahr und dem Ende des zweiten Kalenderjahres der laufenden Handelsperiode durchschnittlich um mehr als 18 Prozent jährlich angestiegen ist."[151].

Nach § 16 werden Berechtigungen, die in anderen EU-Mitgliedstaaten ausgegeben wurden, als gleichwertig betrachtet, dadurch wird ein europaweiter Markt sichergestellt.[152] Dies ist allerdings nicht neu, sondern war auch schon in früheren Versionen des TEHG so. Zudem werden auch Berechtigungen aus Drittländern anerkannt, sofern ein Abkommen über die gegenseitige Anerkennung von Berechtigungen in Sinne der Richtlinie 2003/87/EG besteht.[153] Abgewickelt wird der Emissionshandel über ein Register, auf das § 17 abstellt. Von entscheidender Bedeutung (vgl. dazu die Effizienzanalyse) ist § 18. Dieser eröffnet die Möglichkeit bestimmte Emissionsgutschriften, v.a. sog. Emissionsreduktionseinheiten i.S. des § 2 Nr. 20 ProMechG und zertifizierte Emissionsreduktionen i.S. des § 2 Nr. 21 ProMechG, als Emissionsberechtigungen anrechnen zu lassen. Allerdings gelten dafür bestimmte Obergrenzen und Einschränkungen:

- Bei Anlagen, die in der letzten Handelsperiode 2008 bis 2012 eine kostenlose Zuteilung von Berechtigungen erhalten haben, besteht eine Obergrenze von 22%, bezogen auf die Menge Berechtigungen, die in der Periode 2008 bis 2012 zugeteilt wurde. Hat sich der Anlagenbetreiber bereits zwischen 2008 und 2012 Emissionsgutschriften anrechnen lassen um seine Verpflichtungen zu erfüllen, wird diese Menge von den 22% abgezogen, die Obergrenze verringert sich entsprechend.[154]
- Bei allen übrigen Anlagen besteht eine Obergrenze von 4,5% der laufenden Emissionen, für die Berechtigungen abzugeben sind.[155]
- Bei Luftfahrzeugbetreibern besteht eine Obergrenze von 1,5% der laufenden Emissionen, für die Berechtigungen abzugeben sind.[156]
- Weiters werden generell nur solche Emissionsminderungen anerkannt, die vor dem Jahr 2013 erbracht wurden oder vor 2013 vom Exekutivrat i.S. Artikel 12 Abs. 4 des Kyoto-Protokolls registriert wurden.[157]

[151] § 12 Abs. 1 Nr. 2 TEHG 2011
[152] § 16 Abs. 1 TEHG 2011
[153] § 16 Abs. 3 TEHG 2011
[154] § 18 Abs. 2 Nr. 1 TEHG
[155] § 18 Abs. 2 Nr. 2 TEHG
[156] § 18 Abs. 2 Nr. 3 TEHG

Der § 27 sieht eine Befreiungsmöglichkeit für Kleinemittenten vor. Üblicherweise sind dies Anlagen, die zwischen 2008 und 2010 jeweils weniger als 25.000 t CO_2 jährlich emittiert haben. Allerdings muss der Betreiber der Anlage für die Befreiung entweder einen Ausgleichsbetrag für ersparte Kosten aus dem Erwerb von Emissionsberechtigungen entrichten oder er muss sich dazu verpflichten, den spezifischen Emissionswert pro Produkteinheit zwischen 2013 und 2020 um jährlich 1,74% zu senken. Kommt er dieser Verpflichtung nicht nach, wird der Ausgleichsbetrag fällig.[158]

Die wichtigsten Vorschriften für die Durchsetzung der Pflicht, seine THG-Emissionen durch Berechtigungen zu decken, sind in den §§ 30 und 31 geregelt. § 30 verlangt für jede Tonne CO_2, für die keine Berechtigungen abgegeben werden, eine Strafzahlung von 100 €, erhöht um den Anstieg des Verbraucherpreisindexes zwischen 2012 und dem betreffenden Berichtsjahr. Damit ist faktisch eine Obergrenze für den Marktpreis der Berechtigungen definiert – mit Ausnahme von Luftfahrzeugbetreibern. Für Luftfahrzeugbetreiber kommt nach § 31 verschärfend hinzu, dass der Betrieb untersagt werden kann, wenn der Betreiber seinen Pflichten nicht nachkommt.

Im Anhang zum TEHG ist unter anderem die Emissionsberichterstattung detailliert geregelt. Weiters enthält der Anhang bestimmte Rechenregeln, auf die hier nicht näher eingegangen werden muss. Und nicht zuletzt sind im Anhang sämtliche Tätigkeiten und Prozesse mit entsprechenden Mindestgrößen definiert, die unter die Teilnahmepflicht am Emissionshandel fallen. Im Wesentlichen handelt es sich dabei um drei Gruppen von Anlagen bzw. Prozessen:

1. Anlagen zur Erzeugung von Wärme (auch Prozesswärme) und Strom,
2. verschiedene industrielle Anwendungen und
3. kommerzielle Luftfahrtunternehmen.

b. Die ZuV 2012

Die Zuteilung der Berechtigungen für den CO_2-Ausstoß, die in Deutschland in der ZuV 2020 geregelt wird, ist auf europäischer Ebene u.a. in die Richtlinie 2003/87/EG und den Beschluss der Kommission 2011/278/EU eingebettet. Die Re-

---

[157] § 18 Abs. 3 TEHG in Verbindung mit § 2 Nr. 22 ProMechG

[158] § 27 Abs. 1-4 TEHG

geln für die kostenlose Zuteilung sind im Detail äußerst komplex. An dieser Stelle soll ein möglichst komprimierter Überblick gegeben werden, der den Untersuchungszweck dieser Arbeit im Blick behält.

Mit der neuen Handelsperiode 2013 bis 2020 sind die Zuteilungsregeln deutlichen Reformen unterzogen worden. Zum einen ist die Handelsperiode deutlich verlängert worden – auf jetzt acht Jahre. Die Zahl der europaweit jährlich neu ausgegebenen Berechtigungen (sei es durch Zuteilung oder Versteigerung) wird linear abgesenkt. Für 2013 stehen Berechtigungen für ca. 2 Mrd. t CO_2-Äquivalente zur Verfügung.[159] Die jährliche lineare Absenkung soll ca. 37,5 Mio. t betragen.[160] Bis 2020 wird dies zu einer Verringerung der Berechtigungen um 21% gegenüber 2005 führen (vgl. Kap. 1.2.3.). Die Modi der Zuteilung selbst sind ebenfalls grundlegend reformiert worden. Generell werden in Zukunft deutlich mehr Berechtigungen versteigert, der Anteil der Berechtigungen, die kostenlos zugeteilt werden, verringert sich kontinuierlich. Bereits ab 2013 werden voraussichtlich über 50% der Berechtigungen versteigert werden.[161] Der Stromsektor muss seine Berechtigungen ab 2013 zu 100% ersteigern. In der Industrie und in der Wärmeerzeugung ist langfristig ebenfalls eine vollständige Ersteigerung das Ziel, welches aktuell für die Zeit ab 2027 angepeilt wird. Daneben gibt es eigene Regeln für die Zuteilung von Berechtigungen an den Luftverkehr (ca. 82% der Luftverkehrsberechtigungen werden von 2013 bis 2020 kostenlos zugeteilt[162]), sowie Sonderregeln für Sektoren, bei denen die Gefahr einer Verlagerung von CO_2-Emissionen in Gebiete außerhalb der EU vermutet wird.[163] Im Gegensatz zu früher ist die kostenlose Zuteilung der Berechtigungen nun europaweit einheitlich geregelt. Mit Ausnahme der Zuteilung an Luftfahrzeugbetreiber regelt die ZuV 2020 die Umsetzung dieser EU-weit einheitlichen Regelungen in deutsches Recht. Im Detail:

Kern der Neuregelung ist die Schaffung sog. Zuteilungselemente mit spezifischen Emissionswerten, auf Basis derer die kostenlos zuzuteilende Menge errechnet wird. Ein solches Zuteilungselement kann bspw. die Produktion von Eisenguss sein oder ein Prozess, der Wärme verbraucht. In § 3 Abs. 1 sind die vier Zuteilungselemente

[159] Reichert & Voßwinkel 2012

[160] DIHK 25.7.2012

[161] DIHK 25.7.2012

[162] Vgl. DIHK 25.7.2012

[163] DIHK 25.7.2012

für Anlagen (nicht Luftfahrzeuge), die Anspruch auf kostenlose Zuteilung haben, zusammengefasst:

1. Zuteilungselemente mit **Produktemissionswert**: Als einen Kern der Neuregelung und zur Verhinderung von Wettbewerbsverzerrungen hat die EU-Kommission in ihrem Beschluss 2011/278/EU für eine lange Liste von Industrieprodukten einheitliche Benchmarkwerte für die Zuteilung pro Produkteinheit (also bspw. Berechtigungen / t Gips) festgelegt. Sofern für ein Produkt eine solche Benchmark definiert ist, orientiert sich die Zuteilung der Berechtigungen an diesem Wert (vermindert um bestimmte Faktoren – dazu weiter unten mehr).
2. Zuteilungselemente mit **Wärmeemissionswert**: Darunter fallen vor allem Prozesse, die messbare Wärme verbrauchen und für die keine Produktbenchmark hinterlegt ist.[164] Als Wärmebenchmark hat die EU-Kommission einheitlich 62,3 Berechtigungen / TJ Wärmeverbrauch bestimmt.[165]
3. Zuteilungselemente mit **Brennstoffemissionswert**: Dies betrifft Prozesse, in denen nicht-messbare Wärme verbraucht wird.[166] In diesem Fall orientiert sich die Zuteilung am Produkt aus verbrauchter Brennstoffmenge und unterem Heizwert des Brennstoffes.[167] Als Brennstoffbenchmark hat die EU-Kommission einheitlich 56,1 Berechtigungen / TJ Brennstoffverbrauch bestimmt.[168]
4. Zuteilungselemente mit **Prozessemissionen**. Hierbei handelt es sich um eine Zusammenfassung bestimmter Prozesse, die nicht unter den Punkten 1 bis 3 erfasst sind.[169] Dabei gibt es keine einheitliche Benchmark, sondern die Prozessemissionen werden prozessindividuell ermittelt.

Bei der Zuordnung eines Prozesses zu einem Zuteilungselement wird streng hierarchisch vorgegangen, d.h., wenn vorhanden, ist dem Produktemissionswert Vorrang zu geben, ansonsten dem Wärmeemissionswert, dann dem Brennstoffemissionswert und erst zuletzt den Prozessemissionen. Bei der Ermittlung der Zuteilungsmenge

[164] EU-Kommission 2011, S. 3
[165] EU-Kommission 2011, S. 33
[166] EU-Kommission 2011, S. 3
[167] § 8 Abs. 4 ZuV 2020
[168] EU-Kommission 2011, S. 33
[169] § 2 Nr. 29 ZuV 2020

wird nun folgendermaßen vorgegangen: Zunächst wird eine vorläufige Menge ermittelt. Dazu wird der jeweilige Benchmarkwert (Produkt-, Wärme oder Brennstoffbenchmark) mit einer Aktivitätsrate multipliziert. Im Falle von Zuteilungselementen mit Prozessemissionen werden Prozessemissionen mit dem Faktor 0,97 multipliziert.[170] Bei dieser Aktivitätsrate handelt es sich bspw. um die Produktionsmenge oder den Wärmeverbrauch einer Anlage. Für Bestandsanlagen wird die Aktivitätsrate aus Daten der vergangenen Jahre ermittelt[171], für Neuanlagen oder Kapazitätserweiterungen mithilfe von installierter Kapazität und Auslastungsfaktoren geschätzt[172]. Diese ermittelte vorläufige Menge Berechtigungen wird aber nicht vollständig zugeteilt. Vielmehr wird diese Menge mit einem Faktor kleiner 100% multipliziert, der von der EU-Kommission für jedes einzelne Jahr bis 2020 festgelegt wurde:

Tabelle 9: Reduzierung der kostenlosen Zuteilung

Jahr	Faktor
2013	0,8000
2014	0,7286
2015	0,6571
2016	0,5857
2017	0,5143
2018	0,4429
2019	0,3714
2020	0,3000

Quelle: EU-Kommission 2011, S. 45

Die Reduzierung soll auch nach 2020 weiter fortgesetzt werden, sodass ab 2027 keine kostenlosen Berechtigungen mehr an die Anlagen ausgeteilt werden.[173] Eine große Ausnahme bilden aber Anlagen aus Sektoren, bei denen die EU-Kommission

[170] § 9 Abs. 2 u. § 18 Abs. 1 ZuV 2020
[171] Vgl. § 8 ZuV 2020
[172] Vgl. § 17 ZuV 2020
[173] DIHK 25.7.2012

von einem hohen Verlagerungsrisiko für CO_2-Emissionen ausgeht.[174] Diese erhalten generell 100% der ermittelten Menge Berechtigungen kostenlos zugeteilt.[175] Damit soll die Gefahr eingedämmt werden, dass CO_2-Emissionen aufgrund des Zertifikatenhandels bloß aus der EU hinaus in andere Länder verlagert werden.

Im Falle von Betriebseinstellungen werden ab dem Folgejahr keine Berechtigungen mehr an die Anlage ausgegeben (§ 20 ZuV 2020). Bei wesentlichen Kapazitätsverringerungen wird die Zuteilungsmenge entsprechend gekürzt. Im Falle teilweiser Betriebseinstellungen erfolgt eine Kürzung der Zuteilungsmenge ab dem Folgejahr in bestimmten Intervallen:[176]

- Sinkt die maßgebliche Aktivitätsrate eines Zuteilungselementes (also bspw. der Produktionsausstoß) um 50-75% gegenüber dem Wert, auf Basis dessen ursprünglich die Zuteilungsmenge ermittelt wurde, sinkt die Zuteilungsmenge um 50%.
- Verringert sich die Aktivitätsrate um 75-90%, sinkt die Zuteilung um 75%.
- Sinkt die Aktivitätsrate um 90% oder mehr, so erfolgt keine Zuteilung mehr.

Steigt die Aktivitätsrate später wieder über die jeweiligen Schwellenwerte an, so wird die Zuteilungsmenge wieder entsprechend erhöht.[177] Die kostenlose Zuteilung ist also ganz klar, wenn auch innerhalb gewisser Bandbreiten, an das Aufrechterhalten eines bestimmten Prozesses, bspw. einer Produktion, gekoppelt. Es gibt in der ZuV 2020 noch eine Reihe von Sonderregeln für die Zuteilung, welche bspw. die Wärmeversorgung von Privathaushalten, bestimmte industrielle Prozesse oder aber die Austauschbarkeit von Strom und Brennstoff betreffen, auf die an dieser Stelle aber nicht näher eingegangen werden muss.

c. Das ProMechG

Das ProMechG dient der Umsetzung der flexiblen Mechanismen im Kyoto-Protokoll. Sie sollten den Industrienationen die Möglichkeit eröffnen, einen Teil ihrer Reduktionsverpflichtungen im Ausland zu erbringen.[178] Im Speziellen befasst sich das ProMechG mit zwei der drei vorgesehenen flexiblen Mechanismen: Joint

---

[174] Vgl. § 2 Nr. 19 ZuV 2020

[175] § 9 Abs. 3 u. § Abs. 2 ZuV 2020

[176] § 21 Abs. 2 ZuV 2020

[177] § 21 Abs. 3 u. 4 ZuV 2020

[178] BMU: Kyoto-Mechanismen

Implementation (JI) und dem Clean Development Mechanism (CDM). Der dritte flexible Mechanismus wäre der Verkauf von Emissionsrechten durch Länder, die ihre Kyoto-Ziele übererfüllt haben, an solche Länder, die ihre Ziele nicht selbst erreichen.

Das TEHG eröffnet den Teilnehmern am Emissionshandel die Möglichkeit sich bis zu bestimmten Obergrenzen CO_2-Einsparungen, die aus JI- und CDM-Projekten resultieren, als zusätzliche Emissionsberechtigungen anrechnen zu lassen. Im Speziellen handelt es sich dabei um sog. Emissionsreduktionseinheiten i.S. des § 2 Nr. 20 ProMechG und sog. zertifizierte Emissionsreduktionen nach § 2 Nr. 21 ProMechG. Der wesentliche Unterschied zwischen beiden Begriffen besteht in der Frage, in welchem Land das jeweilige Klimaschutzprojekt stattfindet. JI-Projekte werden in Vertragsstaaten des Kyoto-Protokolls durchgeführt (damit sind im Wesentlichen die Industrienationen gemeint), CDM-Projekte in anderen Staaten, also vor allem Entwicklungs- und Schwellenländer.[179]

Der juristische Weg sich Emissionsreduktionen aus JI- oder CDM-Projekten anrechnen zu lassen (Registrierung, Zustimmung, Validierung, Verifizierung etc.) soll an dieser Stelle nicht näher beleuchtet werden. Der interessierte Leser sei auf das ProMechG, insbesondere die §§ 3 bis 9, verwiesen. Entscheidend an dieser Stelle ist die Frage, wie sich die Höhe der Emissionsgutschriften aus derartigen Projekten errechnet. Bei beiden Projekttypen geht es um die Ermittlung einer sog. „zusätzlichen Emissionsminderung“. Diese stellt die Differenz zwischen den geschätzten THG-Emissionen nach Durchführung der Projekttätigkeit im Vergleich zu den geschätzten Emissionen, die ohne Projekttätigkeit angefallen wären (Referenzfallemissionen), dar.[180] Sowohl der Nachweis der „Zusätzlichkeit“[181] als auch die Überprüfung und Überwachung, ob tatsächlich Emissionen gemindert wurden[182], wird in der Praxis oft sehr kritisch gesehen.

d. Statische Effizienz

In der umweltökonomischen Theorie wird der Handel mit Verschmutzungsrechten als sehr gutes Instrument gesehen, negative externe Effekte zu internalisieren. Aufgrund der von vornherein festgelegten Menge an Schädigungseinheiten (also bspw.

[179] Vgl. Kyoto-Protokoll Artikel 6 u. 12
[180] § 2 Nr. 6 ProMechG
[181] Vgl. KfW & ZEW 2012 und Jaeger 2010, S. 49ff
[182] Vgl. Jaeger 2010, S. 49ff.

CO_2-Emissionen) gilt er als sehr treffsicher – treffsicherer als eine Besteuerung des externen Effekts. Durch die Rationierung und Privatisierung des Emissionsrechts wird dieses für die einzelnen Akteure zu einem knappen Gut, genauso wie andere Produktionsfaktoren (Arbeit, Kapital, Rohstoffe etc.) auch. Funktioniert der Markt für Emissionsrechte, kann man davon ausgehen, dass die Rechte dort eingesetzt werden, wo sie die höchste Grenzproduktivität aufweisen. Im Gegenzug werden – sofern die Rationierung so streng erfolgt, dass eine Senkung der Emissionen gegenüber früher notwendig wird – die Emissionen dort eingespart, wo es am billigsten möglich ist. Am billigsten meint aber nicht unbedingt – und hier liegt bei Diskussionen um den Emissionshandel manchmal ein Missverständnis vor –, dass dort eingespart wird, wo dies mit den geringsten Investitionen in Energieeffizienz oder erneuerbare Energien möglich ist. Unter Umständen kann auch ein Produktionsverzicht die volkswirtschaftlich billigste Möglichkeit sein Emissionen zu sparen. Ein funktionierender Handel mit Verschmutzungsrechten kann also durchaus dazu führen, dass sich das produzierte Güterbündel ändert. In jedem Fall sollte am Ende ein pareto-effizientes Güterbündel produziert werden, das als Nebenbedingung die maximal zulässige Obergrenze an Emissionen einhält. Damit der Emissionshandel derart funktionieren kann, müssen jedoch bestimmte Bedingungen erfüllt werden. Unter anderem folgende:

a. Es muss sichergestellt sein, dass nur emittiert, wer auch ausreichend Berechtigungen dafür besitzt, und dass die festgelegte Obergrenze nicht durchbrochen wird.

b. Die Emissionsrechte müssen unter den Beteiligten frei und unverzerrt gehandelt werden können. Dies schließt nicht nur gesetzliche Handelsbeschränkungen aus, vielmehr sollten auch keine verzerrenden Anreize für die Verwendung der Berechtigungen existieren, die sich bspw. aus den Zuteilungsregeln ergeben könnten.

c. Wenn der Emissionshandel einen wirksamen Beitrag zum Klimaschutz leisten soll, muss die Obergrenze der Emissionen so festgelegt sein, dass sie eine signifikante Senkung der Emissionen gegenüber der früheren Situation darstellt. Dieser Punkt klingt trivial, und eigentlich haben wir die Festlegung des Reduktionsziels ja aus der Effizienzanalyse ausgeklammert und als extern vorgegeben angenommen.[183] Dennoch sei dieser Punkt erwähnt, da viel der Kritik, die in der öffentlichen Diskussion dem Emissionshandel in Europa entgegengebracht wird, sich eigentlich gegen die politisch festgelegte Menge an Emissionsberechtigungen richten müsste und nicht gegen das Instrument des Handels an sich.

Es scheint durchaus berechtigt, davon auszugehen, dass die Emissionsmengen der Teilnehmer am Emissionshandel in den meisten Fällen durchaus ganz gut überwacht werden können. Viele der teilnehmenden Anlagen unterliegen ohnehin einer behördlichen Überwachung ihrer Emissionen (nicht nur bzgl. Treibhausgasen, sondern auch anderer Luftschadstoffe). Das wichtigste Treibhausgas, CO_2, stammt in Deutschland vor allem aus der Verbrennung fossiler Energieträger. Diese werden in der Regel besteuert (bspw. Mineralölsteuer), was auch zu einer gewissen Überwachung der Stoffströme beiträgt. Ein „Schwarz-Verbrennen" fossiler Energieträger, um die eigenen Emissionen niedrig zu rechnen, würde nicht zuletzt dazu führen, dass die Kosten des Brennstoffes steuerlich nicht geltend gemacht werden könnten.

Dennoch ist Punkt a. keineswegs als unproblematisch zu betrachten. Das Problem besteht in der Möglichkeit, sich Emissionsreduktionen aus JI- und CDM-Projekten als Emissions-Berechtigungen anrechnen zu lassen. Der Mechanismus, wie Emissionsgutschriften bei derartigen Projekten errechnet werden, wurde im Kapitel zum ProMechG dargestellt. Es geht immer darum, errechnete Emissionsmengen nach Durchführung eines Projektes mit jenen Emissionen zu vergleichen, die sich ohne das Projekt kalkulatorisch eingestellt hätten (Referenzfallemissionen). Dies muss keineswegs bedeuten, dass die THG-Emissionen nach Durchführung des Projektes niedriger sind als vorher. Wird bspw. in einem Entwicklungsland ein hocheffizientes Kohlekraftwerk neu errichtet, um die gestiegene Stromnachfrage zu befriedigen, steigen die CO_2-Emissionen an. Wenn es aber gelingt, die zuständige Behörde davon zu überzeugen, dass ansonsten ein Kraftwerk niedrigerer Effizienzklasse gebaut worden wäre, wodurch der Emissionsanstieg noch höher ausfallen würde, kann sich der Projektträger die Differenz als Emissionsberechtigungen für den europäischen Emissionshandel anrechnen lassen.[184] Genau hierin liegt das größte strukturelle Problem bei den JI- und CDM-Projekten: Auf Basis einer hypotheti-

[183] Wie weiter oben erwähnt, meint Effizienz in dieser Analyse Kosteneffizienz, d.h. die Erreichung eines vorgegebenen Ziels zu minimalen Gesamtkosten.

[184] Jaeger 2011

schen, errechneten Emissionsminderung (deren realer Nutzen für den Klimaschutz in der Praxis oft nur schwer überprüfbar ist) werden Berechtigungen für reale Emissionen in Europa ausgestellt.[185] Verschiedene Quellen gehen mittlerweile davon aus, dass bei einem hohen Anteil der CDM-Projekte der Beitrag zum Klimaschutz sehr fragwürdig ist.[186] Insbesondere sog. HFC-23-Projekte in China und Indien wurden in der Vergangenheit von NGOs, aber auch der EU-Klimakommissarin Hedegaard heftig kritisiert.[187] HFC-23 ist ein Nebenprodukt aus veralteten Kühlmittelfabriken, dessen Treibhausgaswirkung 11.700-mal höher ist als von CO_2. In der EU ist eine solche Herstellung verboten. DER SPIEGEL vermutete im Dezember 2010, dass normalerweise wahrscheinlich auch in China die Herstellung bereits verboten wäre.[188] Durch die Regelungen zum europäischen Emissionshandel wurde es aber auf einmal höchst rentabel die technisch veralteten Anlagen weiter zu betreiben und mit Oxidationsapparaten HFC-23 aufzufangen, um sich die Entsorgung als zertifizierte Emissionsreduktionen anrechnen zu lassen und zu veräußern. Mit dieser Abgasentsorgung nehmen die veralteten Kühlmittelfabriken bis zu fünfmal mehr ein als mit ihrem eigentlichen Hauptprodukt.[189] Die Möglichkeit, errechnete Emissionsreduktionen aus dem JI- oder CDM-Mechanismus als Berechtigungen für den europäischen Emissionshandel anerkennen zu lassen, muss äußerst kritisch beurteilt werden. Die Gefahr ist groß, dass dadurch die absolute Obergrenze der zulässigen Gesamtemissionen durchbrochen wird. Außerdem können gravierende Anreize für Fehlallokationen gesetzt werden, wie das Beispiel der HFC-23-Projekte zeigt.

Mit der Reform des Emissionshandels zur neuen Handelsperiode ab 2013 wurden die Möglichkeiten zur Nutzung von Emissionsreduktionen aus JI- und CDM-Projekten beschränkt. Die deutsche Regelung ist im Kapitel zum TEHG beschrieben. Die deutschen Regelungen sind relativ restriktiv im Vergleich zur EU-Richtlinie 2003/87/EG[190] und bewegen sich in der Nähe der Untergrenzen, die die Richtlinie als Mindestumfang, in dem Emissionsreduktionen genutzt werden dürfen, definiert. Dies ist positiv zu beurteilen und gibt Grund zur Hoffnung, dass die

[185] Klawitter 2010
[186] Vgl. Jaeger 2010
[187] Klawitter 2010
[188] Klawitter 2010
[189] Klawitter 2010
[190] Vgl. Artikel 11b

Aufweichung des Emissionshandels durch fragwürdige Emissionsgutschriften zumindest in Deutschland langfristig zurückgehen wird. Die EU-Richtlinie lässt jedoch einen gewissen Spielraum nach oben, weswegen man davon ausgehen kann, dass die Regelungen in manch anderen EU-Ländern weniger restriktiv ausfallen. Insgesamt begrenzt die EU-Richtlinie die Nutzung von Emissionsgutschriften nur auf 50% der Menge, die gemeinschaftsweit als Emissionsverminderung zwischen 2008 und 2020 gegenüber dem Niveau von 2005 erzielt werden soll.[191] Das bedeutet, dass der Absenkung der Anzahl an Emissionsberechtigungen bis 2020 auch mindestens zu 50% reale Einsparungen von THG-Emissionen in den Anlagen, die am Emissionshandel teilnehmen, gegenüberstehen müssen. Die übrigen 50% könnten aber im Extremfall durch Emissionsgutschriften ausgeglichen werden, wodurch die Wirkung des Emissionshandels nicht unerheblich aufgeweicht werden kann.

Der zweite entscheidende Punkt ist die freie Handelbarkeit der Emissionsrechte. Erst durch sie wird sichergestellt, dass die Emissionen dort anfallen, wo sie volkswirtschaftlich am produktivsten eingesetzt werden können. Das TEHG und die übergeordnete EU-Richtlinie garantieren zwar prinzipiell die freie Handelbarkeit, jedoch mit zwei nicht unerheblichen Einschränkungen. Die erste Einschränkung ist eine handfeste gesetzliche Einschränkung, die sich aus Artikel 12 Abs. 3 der Richtlinie 2003/87/EG (in Deutschland umgesetzt in § 7 Abs. 1 TEHG) ergibt: Die speziellen Emissionsberechtigungen für den Luftverkehr können auch nur von Luftverkehrsbetreibern genutzt werden. Luftverkehrsbetreiber können jedoch auch die normalen Berechtigungen nutzen. Es wird sich am Markt also kein Preis für Luftverkehrsberechtigungen einstellen, der über dem Preis für die übrigen Berechtigungen liegt. Es ist aber sehr wohl möglich, dass sich ein niedrigerer Preis einstellt. Für den Fall, dass sich am Markt ein Preis für Luftverkehrsberechtigungen einstellt, der unterhalb des Preises für die übrigen Emissionsberechtigungen liegt, stellt dies eine Subvention des Luftverkehrs zu Lasten der übrigen Anlagenbetreiber dar. Aus Effizienzgesichtspunkten ist dies sehr kritisch zu beurteilen.[192]

Die zweite und wahrscheinlich volumenmäßig noch bedeutendere Einschränkung der freien Handelbarkeit ergibt sich faktisch aus dem Anreizschema der kostenlosen Zuteilungen. Die kostenlosen Zuteilungen werden mit Beginn der Handelsperi-

---

[191] Artikel 11b Abs. 8 Richtlinie 2003/87/EG

[192] Dennoch ist es natürlich besser, dass der Luftverkehr seit 2012 wenigstens auf diese Weise in den Emissionshandel mit einbezogen wurde, anstatt wie früher die Atmosphäre vollständig gratis nutzen zu dürfen.

ode 2013-2020 deutlich eingeschränkt. Für den Stromsektor werden sie völlig gestrichen. Für den Luftverkehr und im Industriebereich bleiben sie jedoch zu bestimmten Prozentsätzen aufrecht, wobei sie vor allem im Industriesektor schrittweise abgesenkt werden und bis 2027 völlig auslaufen sollen. Eine große Ausnahme bilden die Sektoren mit Verlagerungsrisiko. Sie erhalten auch weiterhin ohne Befristung eine 100%ige Zuteilung. Anreize zu Fehlallokationen können sich aus den Zuteilungsregeln ergeben. Die Zuteilung erfolgt nämlich auf Basis einer Aktivitätsrate (entweder einer historischen oder einer geschätzten). Damit ist bspw. ein bestimmter Produktionsausstoß oder eine Beförderungsleistung bei Flugzeugen gemeint. Damit die Zuteilung in den folgenden Jahren weiter erfolgt, muss diese Aktivitätsrate bis zu bestimmten Prozentsätzen aufrechterhalten werden. Ansonsten erfolgt eine Kürzung der Zuteilung. Der Betreiber einer Anlage hat unter diesen Rahmenbedingungen zwar durchaus einen Anreiz seine Anlage effizienter zu machen oder auf erneuerbare Energien umzurüsten, um seine Berechtigungen verkaufen zu können. Der Anreiz, seine Produktion zu drosseln um, die Berechtigungen an andere Sektoren zu veräußern, wo sie eine höhere Grenzproduktivität aufweisen, ist dadurch aber eingeschränkt. Die Anpassung des gesamtwirtschaftlichen Güterbündels hin zu einem pareto-optimalen Bündel, das die vorgegebene Höchstgrenze an Emissionen einhält, wird dadurch eingeschränkt. Freilich dürfte diese Einschränkung in der Praxis dadurch abgemildert werden, dass die Prozentsätze, zu denen die Aktivitätsrate aufrechterhalten werden muss, relativ niedrig bemessen sind. Nach § 21 ZuV 2020 erfolgt eine Kürzung der Zuteilungsmenge erst, wenn die Aktivitätsrate um 50% gesunken ist. Dennoch steht diese Einschränkung der freien Handelbarkeit einer pareto-optimalen Produktionsanpassung in gewisser Weise entgegen. Auf den ersten Blick leicht lösbar wäre das Problem, indem man die kostenlosen Zuteilungen gänzlich streicht und die Berechtigungen ausnahmslos versteigert. Es wäre dann zu erwarten, dass sich die Produktionsprozesse solange anpassen, bis die Emissionsberechtigungen in allen Anlagen die gleiche Grenzproduktivität aufweisen. Es ergibt sich jedoch ein entscheidendes Problem in jenen Sektoren mit einem hohen Verlagerungsrisiko, das im Folgenden kurz diskutiert werden soll.

Durch den Emissionshandel werden Emissionsberechtigungen zu einem knappen Produktionsfaktor, genauso wie Arbeitskräfte, Kapital oder Know-how. Der Preis ist dabei der entscheidende Knappheitsindikator. Es ist ökonomisch absolut folgerichtig, wenn die Faktoren dort eingesetzt werden, wo sie am höchsten entlohnt werden können. Das Problem ist aber, dass die Fähigkeit der Erdatmosphäre, eine bestimmte Menge Treibhausgase ohne Schäden aufzunehmen, eigentlich überall auf der Welt gleich knapp ist. Der Preis für Emissionen müsste also eigentlich überall gleich hoch sein. Da aber nicht die ganze Welt am Emissionshandel teilnimmt und auch sonst die Bemühungen der einzelnen Staaten im Klimaschutz sehr unterschiedlich ausfallen, sind aus Sicht des einzelnen Akteurs Emissionsberechtigungen in bestimmten Ländern weit weniger knapp als in anderen (im Extremfall ist ihr Preis bei null). Ohne kostenlose Zuteilung der Berechtigungen könnte es also durchaus interessant sein, bestimmte Produktionsprozesse in andere Länder zu verlagern und die fertigen Produkte (ohne Emissionsberechtigungen abgeben zu müssen) nach Europa zu importieren. Einen Ausgleich könnte hier ein Zoll schaffen, der den negativen externen Effekt aus dem CO_2-Ausstoß, der in der Produktion angefallen ist, einpreist. Die Idee, negative externe Effekte über protektionistische Maßnahmen einzupreisen, ist keineswegs neu.[193] Allerdings sind protektionistische Maßnahmen aller Art, zu denen auch Zölle gehören, immer auch einer erheblichen Gefahr ausgesetzt, zum Aneignen von Renten missbraucht zu werden (Rent-Seeking), wodurch ein nicht unerheblicher Wohlfahrtsverlust für die Gesellschaft entstehen kann.[194] Zudem sind die rechtlichen Möglichkeiten Zölle zu erheben aufgrund der internationalen Abkommen zum Freihandel mittlerweile beschränkt.

Das Problem, Anreize zur bloßen Verlagerung von CO_2-Emissionen zu setzen, besteht aber auch bei den anderen denkbaren Instrumenten zum Klimaschutz – mit Ausnahme einer Subventionslösung. Eine Auflagenlösung hätte, wenn sie den einzelnen Anlagen ein ambitioniertes Einsparungsziel verordnet, denselben Effekt. Gleiches gilt für eine Besteuerung des CO_2-Ausstoßes. Mit einer Subvention von klimafreundlichem Verhalten lässt sich ein Verlagerungsrisiko zwar wahrscheinlich vermeiden, dafür bringen aber Subventionen andere Probleme mit sich (bspw. können sie anziehend auf Verschmutzer wirken[195]). Möglicherweise sind vor diesem Hintergrund die bestehenden Regeln der kostenlosen Zuteilung von Emissionsberechtigungen an Sektoren mit Verlagerungsrisiko noch die beste Möglichkeit, Anreize zur Emissionsreduktion zu setzen. Aufgrund der Opportunitätskosten des Eigenverbrauchs der Emissionsberechtigungen hat der Anlagenbetreiber einen Anreiz in Energieeffizienz oder erneuerbare Energien zu investieren. Durch die Bindung

[193] Vgl. Weck-Hannemann 1992, S. 25
[194] Vgl. Weck-Hannemann 1992, S. 42-48
[195] Vgl. Fritsch et al. 2003, S. 149

der Zuteilung an eine Aktivitätsrate wird die Gefahr bloßer CO_2-Verlagerungen ins Ausland reduziert. Endgültig befriedigend ist diese Lösung jedoch noch nicht. Zum einen ist es fraglich, ob die Kosten für den CO_2-Ausstoß unter diesen Rahmenbedingungen tatsächlich adäquat in die Güterpreise eingepreist werden (in vielen Fällen, bspw. bei der metallverarbeitenden Industrie, dürfte es sich um Weltmarktpreise handeln). Zum anderen bildet die politische Entscheidung, ob einem Produktionsprozess ein Verlagerungsrisiko zuerkannt wird (kostenlose Zuteilung zu 100%) oder nicht (sinkende kostenlose Zuteilung), einen bedeutenden Ansatzpunkt für Rent-Seeking, mit der entsprechenden Gefahr von Wohlfahrtsverlusten.

Am Ende der statischen Effizienzanalyse sei noch auf zwei Hauptkritikpunkte, die dem Emissionshandel in der öffentlichen Diskussion entgegengebracht werden, eingegangen:

1. Der Emissionshandel sei wirkungslos, weil die Marktpreise für die Berechtigungen seit längerer Zeit zu niedrig seien.
2. Die kostenlose Zuteilung führe zu Windfall-Profits.

Seit 2011 war ein deutlicher Preisverfall bei den Emissionsberechtigungen von 15 € auf deutlich unter 10 €/t zu verzeichnen.[196] Vielfach wird bemängelt, dass ein derartig niedriger Preis keinen Anreiz mehr dafür setzen würde, in Klimaschutz zu investieren. Die betroffenen Unternehmen würden stattdessen Berechtigungen am Markt kaufen.[197] Dabei werden vor allem zwei Ursachen genannt:

1. Durch die Wirtschaftskrise in Folge der Finanzkrise seien die CO_2-Emissionen deutlich gesunken, ganz ohne Investitionen in den Klimaschutz. Mit der Folge, dass nun viele Berechtigungen aus früheren Jahren auf dem Markt sind.[198]
2. Aufgrund der Möglichkeit, neue Berechtigungen mittels JI- und CDM-Projekten zu generieren, seien zu viele Berechtigungen im Umlauf.[199]

Der zweite Punkt, das Problem mit den Emissionsgutschriften, wurde bereits ausführlich diskutiert. Die Gefahr, dass durch viele Emissionsgutschriften die Funkti-

---

196 Vgl. Reidl 2012 und KfW & ZEW 2012

197 Vgl. BUND o.J.: Der Emissionshandel: ein Instrument mit zahlreichen Mängeln, DIHK 25.7.2012, Reichert & Voßwinkel 2012 und Reidl 2012

198 Vgl. bspw. Handelsblatt 14.11.2012

199 Vgl. bspw. BUND-NRW o.J.

onsweise des Emissionshandels untergraben werden kann, scheint durchaus berechtigt. Der erste Punkt, der, wenn man die Diskussionen um den Emissionshandel verfolgt, immer wieder als strukturelles Problem genannt wird, sei an dieser Stelle aber etwas näher beleuchtet. Für die Handelsperiode 2008 bis 2012 wurde ein Emissionsbudget festgelegt. Das Budget wurde auch absolut eingehalten, die europäische Wirtschaft emittierte sogar noch deutlich weniger Treibhausgase als vorgesehen (zumindest wenn man das Problem fragwürdiger Emissionsgutschriften außer Acht lässt). Bis Anfang 2012 wurde das Budget um ca. 1 Mrd. Tonnen CO_2-Äquivalente unterschritten.[200] Dennoch mag sich in der öffentlichen Diskussion keine rechte Freude einstellen. Die Festlegung dieses Budgets orientierte sich seinerzeit nicht zuletzt an bestimmten Annahmen bezüglich des BIP-Wachstums. Da das Wachstum aufgrund der Finanz- und Wirtschaftskrise jedoch wesentlich geringer ausfiel, konnte, so die vielfache Kritik, das Emissionsziel ohne Investitionen in klimafreundliche Technologien eingehalten werden.

Eine wertende Einteilung in Emissionsminderungen resultierend aus Investitionen in umweltfreundliche Produktionsweisen einerseits (die positiv beurteilt werden)[201] und Minderungen aus geringerem Wachstum andererseits (die offenbar nicht als Beitrag zum Klimaschutz gewertet werden) ist in der Debatte um den Klimaschutz weit verbreitet. Diese Sichtweise verwundert etwas. Schließlich ist für einen wirksamen Klimaschutz einzig und allein die Gesamtmenge der ausgestoßenen Treibhausgase und deren Konzentration in der Atmosphäre entscheidend und nicht irgendwelche Relativgrößen, bspw. CO_2 / € BIP. Wie fragwürdig eine solch wertende Einteilung von Emissionsrückgängen ist, lässt sich leicht anhand eines Gedankenspiels zeigen: Gehen wir einmal davon aus, es hätte die Finanz- und Wirtschaftskrise nicht gegeben und die Berechtigungen wären voll verbraucht worden. Der Börsenpreis der Berechtigungen wäre vermutlich deutlich höher. Viele Unternehmen hätten massive Anstrengungen unternehmen müssen, um ihre Emissionen auf ein Niveau zu senken, das sie durch Berechtigungen decken können. Der Logik der wertenden Einteilung folgend, wäre die europäische Klimapolitik in diesem Falle ein Erfolg gewesen – obwohl ganz objektiv mindestens 1 Milliarde Tonnen mehr CO_2 in die Luft geblasen worden wären.

---

[200] Vgl. Brennstoffspiegel + Mineralölrundschau 16.11.2012

[201] Vgl. bspw. Financial Times Deutschland 11.7.2012

Der Sinn des Emissionshandels ist es, den beteiligten Akteuren ein festes Budget an Emissionen vorzugeben, dass nicht überschritten werden darf. Wie dieses Budget genutzt wird, regeln dann dezentral die Märkte. Entscheidend ist, dass das Budget so festgelegt wird, dass man aus Sicht des Klimaschutzes auch zufrieden sein kann, wenn es eingehalten wird. Wieso es eingehalten wird, ist dann egal. Der Emissionshandel zeichnet sich, und das ist aus Effizienzgesichtspunkten sein großer Vorteil, ja gerade dadurch aus, dass er keine Vorgaben über das „Wie" macht.

Bisweilen wird als Alternative eine CO_2-Steuer diskutiert. Befürworter argumentieren, dass eine feste Steuer unabhängig von Konjunkturschwankungen ist und deshalb „effizienter" wäre.[202] In Zeiten konjunktureller Schwäche wäre eine feste CO_2-Steuer möglicherweise tatsächlich ein stärkeres Knappheitssignal als der Börsenpreis für Berechtigungen. Demgegenüber könnte es aber auch sein, dass in Zeiten eines Wirtschaftsbooms die angestrebte Gesamtemissionsmenge deutlich überschritten wird. Die Steuer müsste in diesem Fall regelmäßig an die konjunkturelle Lage angepasst werden, um ein bestimmtes Mengenziel zu erreichen. Eine solche permanente Anpassung dürfte aber in der Praxis des Gesetzgebungsprozesses durchaus schwierig sein. Zudem würde sie die Planungssicherheit für die Beteiligten stark einschränken, da nun weder Sicherheit bezüglich der Höhe eines Emissionsbudgets besteht (das gibt es ja nicht mehr) noch über den Preis der Emissionen (der wird ja permanent neu festgelegt). Ob eine CO_2-Steuer also tatsächlich effizienter und treffsicherer bestimmte Klimaziele erreichen kann, erscheint fragwürdig.

Zum Schluss sei noch auf den Aspekt eingegangen, der Emissionshandel produziere durch die kostenlose Zuteilung Windfall-Profits für viele der beteiligten Unternehmen. Insbesondere wurde seit Beginn des Emissionshandels kritisiert, dass der Strompreis ungerechtfertigt hoch sei, weil auch kostenlos zugeteilte Emissionsberechtigungen in den Preis mit einkalkuliert wurden.[203] In der Tat kann der Emissionshandel unter bestimmten Bedingungen die Gewinne der beteiligten Unternehmen erhöhen: Durch die gesetzliche Rationierung von CO_2-Emissionen wird der Besitz von Emissionsberechtigungen zu einem notwendigen Produktionsfaktor. Alle Produktionsfaktoren werden i.d.R. auch entlohnt, ihre Kosten stecken in den Preisen der produzierten Güter. Auch wenn sich der jeweilige Produktionsfaktor im Eigentum des Produzenten befindet, wird er dessen Kosten als Opportunitätskosten

[202] Euractiv.de 25.7.2012

[203] Vgl. Stratmann & Schürmann 2005

mit einkalkulieren, da er den Faktor ja auch alternativ verwenden könnte (bspw. Emissionsberechtigungen verkaufen). Dies ist absolut gewollt so, denn so entsteht selbst bei kostenloser Zuteilung der Berechtigungen ein Anreiz Emissionen zu sparen. Dass die Güterpreise (z.B. der Strompreis) ceteris paribus durch die Rationierung von CO_2-Emissionen ansteigen, ist durchaus auch so gewollt. Darin spiegelt sich die Entlohnung des knappen Faktors „Emissionsberechtigung" wieder. Zumindest ein Teil des negativen externen Effektes aus dem CO_2-Ausstoß wird auf diese Weise in die Güterpreise eingepreist, was auch notwendig für eine paretoverbessernde Anpassung des Güterbündels ist. Wenn aber der Faktor „Emissionsberechtigung" den Produzenten kostenlos zur Verfügung gestellt wird, so bleibt die Entlohnung desselbigen logischerweise beim Produzenten hängen. Dies ist zunächst eine Verteilungsfrage, die zwar politisch heftig diskutiert werden kann, sich aber einer wohlfahrtsökonomischen Effizienzanalyse entzieht. Anders sieht es hingegen aus, wenn man auch Aspekte der ökonomischen Theorie der Politik berücksichtigt. Wenn sich durch die kostenlose Zuteilung von Berechtigungen erhebliche Renten generieren lassen, so besteht ein starker Anreiz für die Akteure, Ressourcen dahingehend zu investieren, möglichst viele Berechtigungen kostenlos zu erhalten (z.B. durch Beeinflussung des politischen Entscheidungsprozesses), wodurch ein erheblicher Anreiz für Fehlallokationen gesetzt werden kann. Es ist daher durchaus auch aus Effizienzgesichtspunkten begründbar, dass die kostenlose Zuteilung in Sektoren ohne Verlagerungsrisiko[204] reduziert wurde und weiter reduziert wird.

Insgesamt lässt sich aus statischer Sicht festhalten, dass der Emissionshandel von den bisher untersuchten Instrumenten das höchste Potenzial besitzt, zu einer kosteneffizienten Senkung der Treibhausgas-Emissionen beizutragen. Es müssen dafür aber bestimmte Voraussetzungen erfüllt sein. Zum einen muss das Emissionsbudget so knapp bemessen sein, dass sein Erreichen oder Unterschreiten auch in jedem Fall einen wirksamen Beitrag zum Klimaschutz leistet. Und zum anderen muss sichergestellt sein, dass das Budget nicht durchbrochen wird. Hierbei sind vor allem die Emissionsgutschriften nach dem ProMechG ein Problem.

[204] Vermutlich wird es auch gerade den Sektoren ohne Verlagerungsrisiko besonders gut gelingen, die Kosten der Emissionsberechtigungen in die Güterpreise einzupreisen.

e. Dynamische Effizienz

Die dynamische Effizienzwirkung des Emissionshandels hängt vom Knappheitsgrad der Emissionsberechtigungen ab. Entscheidend ist also auch hier, dass das Emissionsbudget ein ambitioniertes Klimaschutzziel widerspiegelt. Wenn das Budget eine deutliche Senkung der Gesamtemissionen vorsieht und sichergestellt wird, dass die Emissionsmenge von den Beteiligten auch nicht überschritten wird, kann man von einer guten dynamischen Effizienzwirkung ausgehen. Da der Emissionshandel technologieoffen ist, im Gegensatz bspw. zu gezielten Markteinführungsprogrammen für bestimmte Technologien, dürfte auch die Gefahr reduziert sein, dass große Summen im F&E-Bereich ineffizient investiert werden.

f. Treffsicherheit

Methodisch gesehen ist der Emissionshandel das Instrument mit der höchsten Treffsicherheit, da er als einziges Instrument die Zielgröße, auf die es eigentlich ankommt, nämlich den Treibhausgas-Ausstoß, direkt begrenzt, anstatt sie nur indirekt zu beeinflussen. Allerdings hängt die Treffsicherheit entscheidend davon ab, dass das Emissionsbudget auch eingehalten wird. Hier können vor allem die Emissionsgutschriften aus JI- und CDM-Projekten ein Problem darstellen.

2.3 Zusammenfassende Betrachtung der Maßnahmen

Wenn man die deutsche Klimastrategie abschließend betrachtet, so ergibt sich eine Reihe charakteristischer Punkte:

- Es gibt keine einheitliche sektorenübergreifende Klimastrategie. Vielmehr wird in verschiedenen Emissionssektoren mit höchst unterschiedlichen Methoden und höchst unterschiedlicher Wirkung versucht, eine Emissionssenkung zu erreichen.
- Insgesamt hat die Herangehensweise der deutschen Politik nach wie vor einen recht planwirtschaftlichen Charakter. Das offenbart sich zum einen darin, dass für verschiedene Emissionssektoren spezifische Einsparungsziele vorgegeben werden.[205] Zum anderen spiegelt sich dieser Charakter auch in verschiedenen Studien wider, die im Auftrag unterschiedlicher Ministerien erstellt wurden und mögliche Entwicklungspfade für Energieverbräuche, CO_2-Emissionen oder An-

[205] Dies gilt für die europäische Ebene gleichermaßen

teile bestimmter Energieträger sektorenspezifisch teils bis ins Jahr 2050 aufzuzeigen versuchen.[206] Mit Ausnahme des Emissionshandels macht die Politik viele Vorgaben, „wie“ Emissionen gemindert werden sollen.

- Einige der Maßnahmen zeigen eine klare industriepolitische Motivation. Es werden in diesem Zusammenhang gerne Skalen- und Lernkurveneffekte zur Rechtfertigung unterstellt. Die Annahme solcher Effekte ist in der Praxis aber nicht unproblematisch.

- Vor allem, wenn es darum geht, einer Vielzahl von Akteuren Begrenzungen ihres Handlungsspielraumes aufzuerlegen, sind die Vorgaben scheinbar eher verhalten. Beispiele sind der Emissionshandel, dem viele Kritiker in den vergangenen Handelsperioden zu geringe Einsparungsziele vorwarfen[207] oder die EnEV, deren Wirkung generell als fraglich betrachtet werden kann. Anders sieht es bei der untersuchten (und industriepolitisch geprägten) Subventionslösung aus. Der Markteingriff zugunsten erneuerbarer Energien war massiv. Die Wirkung des EEG war in jedem Fall sehr stark, was den Ausbau der Stromerzeugung aus erneuerbaren Energien betrifft.

- Nicht zuletzt sind die Politik und weite Teile der öffentlichen Diskussion klar auf technologische Lösungen fixiert, im Speziellen auf Investitionen in Energieeffizienz oder erneuerbare Energien. Einem geänderten Konsumverhalten wird wenig Aufmerksamkeit zuteil, ein vermindertes Wachstum des BIP als möglicher Lösungsweg kommt praktisch überhaupt nicht vor. Dabei ist ein vermindertes BIP-Wachstum keineswegs zwingend gleichbedeutend mit einem verminderten Wachstum an gesellschaftlicher Wohlfahrt. Viele Wohlfahrtsaspekte werden durch das BIP gar nicht abgebildet, bspw. der Konsum von Freizeit. Das Potenzial eines verminderten „materiellen“ Konsums im Dienste des Klimaschutzes wird teils sogar faktisch als Lösungsweg, um gesetzliche Anforderungen zur Emissionsminderung zu erfüllen, ausgeschlossen (bspw. Vorschrift von Effizienzstandards in der EnEV). Auch die Diskussion um den Emissionshandel, der ja eigentlich völlig offen hinsichtlich der Methoden zur Begrenzung des THG-Ausstoßes konzipiert ist, zeigt die Fixierung auf technologische Lösungen: Nur wenn er Anreize für Investitionen in umweltfreundliche Technologien setzt, wird er von vielen Diskussionsteilnehmern als Erfolg wahrgenommen.

---

[206] Vgl. bspw. Schlesinger et al. 2010 oder Nitsch et al. 2012

[207] Vgl. bspw. BUND-NRW o.J.

Wohlfahrtsökonomisch lassen sich diese Charakteristika nicht begründen. Denn alles in allem erscheint es sehr unwahrscheinlich, dass mit der vorliegenden Strategie (bzw. dem Mix aus Strategien) tatsächlich ein konkretes Einsparungsziel kosteneffizient und treffsicher erreicht wird. Und das weder in statischer noch in dynamischer Perspektive. Wie kommt es aber nun dazu, dass die real zu beobachtende Klimapolitik eine bestimmte Richtung einschlägt oder nicht? Das folgende Kapitel geht der Frage nach, inwieweit die Neue Politische Ökonomie Erklärungen für das reale Verhalten liefern kann.

3. Die Klimastrategie aus Sicht der Neuen Politischen Ökonomie

Die Neue Politische Ökonomie überträgt die Annahme, dass individuelles Handeln mit dem Ziel der Eigennutzmaximierung erfolgt, auf den politischen Bereich. „Staatliches Handeln wird [...] als Ergebnis individuellen Handelns und der Interaktion der Akteure im politischen Entscheidungsprozess gesehen.“[208] Man geht quasi von einem Markt für staatliches Handeln aus, auf dem verschiedene Akteure aktiv sind. Neben Politikern und Wählern sind dies bspw. auch die Bürokratie und verschiedene Interessensgruppen.[209] Sie alle üben spezifischen Einfluss auf den politischen Entscheidungsprozess aus. Im ersten Schritt sei der Fokus einmal auf die Politiker gelegt. Sie sind jene Akteure, die letztlich die staatlichen Maßnahmen zum Klimaschutz vorlegen und verabschieden. Es macht daher Sinn, die Rahmenbedingungen, unter denen Politiker agieren, näher zu beleuchten.

3.1 Der politische Markt für Klimaschutz

Zu den Grundannahmen der ökonomischen Theorie der Politik zählt, dass man davon ausgeht, dass Politiker, wie alle anderen Akteure auch, eigennutzorientiert handeln. Nutzen muss sich dabei nicht nur in Geld ausdrücken. Prestige, das Gefühl von Macht und die Fähigkeit eigene Überzeugungen durchzusetzen, können genauso Nutzen stiften.[210] Die Nutzenmaximierung erfolgt unter verschiedenen Restriktionen. Eine der wichtigsten ist in Demokratien die Wiederwahl.[211] Es entsteht ein politischer Markt mit Politkern auf der Angebotsseite und Wählern auf der Nachfrageseite. Politiker bieten bestimmte Programme an und konkurrieren mit anderen Politikern um Wählerstimmen. Interessant ist dabei, welchen Gestaltungsspielraum die Anbieterseite in einem solchen System hat. Das Grundmodell des politischen Marktes nach DOWNS geht von einem Zwei-Parteien-Wettbewerb und einer eingipfligen Verteilung der Wähler-Präferenzen auf einer Links-Rechts-Skala aus.[212] Wenn die einfache Mehrheit entscheidet, gewinnt jene Partei die Wahl, der es ge-

[208] Weck-Hannemann 1992, S. 35

[209] Vgl. Kollmann & Schneider 2011, S. 4

[210] Vgl. Weck-Hannemann 1992, S. 40; Downs 1998, S. 2 u. Kollmann & Schneider 2011, S. 17

[211] Vgl. Weck-Hannemann 1992, S. 40

[212] Franke 2000, S. 26; vgl. auch Downs 1957 in Mueller 2001, S. 6ff.

lingt den Medianwähler auf ihre Seite zu ziehen (daher auch Medianwählermodell). Unter den Bedingungen des Medianwählermodells hätte die Anbieterseite wenig bis keinen Spielraum, eigene Vorstellungen durchzusetzen.[213] Das real zu beobachtende Verhalten der Politik wäre vollständig durch die Nachfrageseite, also die Wähler, bestimmt. Ein solches Modell wäre relativ unbrauchbar, um im Rahmen dieser Arbeit den äußerst heterogenen Strategienmix in der deutschen Klimapolitik zu erklären. Anders sieht es hingegen aus, wenn man von den strikten Annahmen des Medianwählermodells abweicht. Der Handlungsspielraum auf der Anbieterseite wird dann größer.[214] Eine Modifikation, die vor dem Hintergrund des deutschen politischen Systems gerechtfertigt erscheint, ist die Annahme eines Mehrparteiensystems. Mehrparteiensysteme können ein Indiz für eine mehrgipfelige Wählerverteilung sein.[215] In einem Mehrparteiensystem kann man erwarten, dass die einzelnen Parteien versuchen, sich voneinander abzugrenzen, anstatt in der Mitte um den Medianwähler zu kämpfen wie im Zwei-Parteien-Modell.[216] Das zweidimensionale Links-Rechts-Schema von Downs ist sicherlich nicht eins zu eins auf die Umweltpolitik übertragbar, denn schon allein die Einordnung bestimmter Instrumente der Umweltpolitik als „linke" oder „rechte" Positionen dürfte schwer fallen. Aber auch, wenn man sich vom Links-Rechts-Schema löst, kann man davon ausgehen, dass sich die Parteien im Mehrparteiensystem voneinander abzugrenzen versuchen. Geht man weiters davon aus, dass die Favorisierung unterschiedlicher Instrumente zum Klimaschutz ein Teil dieser Abgrenzung ist und erkennt man schlussendlich die Tatsache an, dass die deutsche Klimastrategie über viele Jahre als Produkt wechselnder Koalitionsregierungen gewachsen ist, so kann das Mehrparteiensystem nach Downs durchaus einen Beitrag leisten, den heterogenen Mix an Strategien in der deutschen Klimapolitik zu erklären.

In einem späteren Beitrag hat Downs eine Charakteristik in der politischen Wahrnehmung gesellschaftlicher Probleme, zu denen auch Umweltprobleme gehören, beschrieben, die ebenfalls helfen kann, einige Auffälligkeiten in der deutschen Klimastrategie zu erklären. Er nennt dieses Modell „issue attention cycle".[217] Dieser setzt sich aus fünf Stadien zusammen:

---

[213] Weck-Hannemann 1992, S. 86

[214] Weck-Hannemann 1992, S. 86f.

[215] Downs 1957 in Mueller 2001, S. 14f.

[216] Downs 1957 in Mueller 2001, S. 15f.

[217] Downs 1972 in Downs 1998 S. 100-112

1. Dem **„Pre-Problem"**-Stadium: Das Problem existiert, und manche Interessensgruppen beschäftigen sich auch damit, insgesamt wird dem Problem aber wenig Aufmerksamkeit in der Öffentlichkeit zuteil.[218]

2. Dem Stadium des **„alarmed discovery and euphoric enthusiasm"**: Das Problem rückt in den Mittelpunkt der öffentlichen Wahrnehmung. Es herrscht Optimismus dahingehend, dass das Problem relativ bald gelöst werden kann und insbesondere ohne, dass sich die Gesellschaft selbst grundlegend ändern muss.[219] In diesem Stadium werden viele Projekte angestoßen und Institutionen geschaffen, die sich des Problems annehmen.[220]

3. Das Stadium des **„realizing the cost of significant progress"**: In diesem Stadium realisieren viele Mitglieder der Gesellschaft, dass das Problem erstens nicht nur mit Geld (und Technik) gelöst werden kann und zweitens, dass ein durchschlagender Erfolg bei der Lösung auch von ihnen persönlich hohe Opfer fordern würde.[221]

4. Das Stadium eines **„gradual decline of intense public interest"**: Als Folge der Erkenntnis aus Stadium drei und weil mittlerweile andere gesellschaftliche Probleme in Stadium zwei gelangen, nimmt das öffentliche Interesse allmählich ab.[222]

5. Das **„Post-Problem"**-Stadium: In diesem Stadium steht das Problem nur noch eingeschränkt im Fokus der Öffentlichkeit. Dennoch ist die Wahrnehmung nach wie vor größer als im ersten Stadium. Zudem wurden Projekte, Instrumente und Institutionen ins Leben gerufen, das Problem zu lösen. Diese existieren auch weiterhin.[223]

Für den Untersuchungszweck dieser Arbeit bietet Downs' issue attention cycle vor allem drei interessante Aspekte:

- Den Übergang von Stadium zwei zu Stadium drei: Zunächst werden viele Maßnahmen angestoßen, nicht zuletzt weil der Druck der Wähler groß ist und die Bereitschaft derselbigen gegeben scheint, Opfer zu bringen. Da sich

[218] Downs 1972 in Downs 1998 S. 101
[219] Downs 1972 in Downs 1998 S. 101
[220] Downs 1972 in Downs 1998 S. 101-103
[221] Downs 1972 in Downs 1998 S. 101f.
[222] Downs 1972 in Downs 1998 S. 102
[223] Downs 1972 in Downs 1998 S. 102f.

die Umsetzung politischer Maßnahmen i.d.R. über einen längeren Zeitraum hinzieht, kann es sein, dass sich die Wahrnehmung des Problems schon im Sinne von Stadium drei verändert hat, wenn die konkrete Ausgestaltung von Maßnahmen auf der Tagesordnung steht. Dies kann helfen zu erklären, dass bisweilen zwar viele umweltpolitische Maßnahmen angestoßen, dann aber doch eher sanft umgesetzt werden. Geht man davon aus, dass Subventionen für umweltfreundliches Verhalten von den Wählern am wenigsten als persönliches Opfer wahrgenommen werden, kann dies helfen zu erklären, warum gerade bei der Subventionslösung des EEG die Politik den heftigsten Markteingriff gewagt hat.

- Downs betont die Attraktivität von Lösungen, die sich mit Geld erreichen lassen. Mit Geld lassen sich im Klimaschutz vor allem technologische Lösungen realisieren. Lösungen, die eine Veränderung der Gesellschaft an sich erfordern würden, sind weit weniger attraktiv. Dies kann erklären, warum die Politik vor allem auf technologische Lösungen setzt.
- Drittens streicht Downs heraus, dass auch in Phase fünf durchaus an der Lösung des Problems gearbeitet wird, wenngleich vielleicht nicht mit der Mittelausstattung, die ursprünglich einmal angedacht war. Es wurden aber Gesetze und Institutionen geschaffen, die weiterhin existieren. In der Tat entstanden auch in Deutschland in den vergangenen Jahrzehnten viele Behörden und andere Institutionen, die sich mit Umweltproblemen beschäftigen.

Gerade die Bedeutung von Behörden und ähnlichen Institutionen sollte bei der Ausgestaltung einer Klimastrategie nicht unterschätzt werden. Genauso wie Politiker werden auch die Menschen in Behörden eigene Wünsche und Zielvorstellungen haben. Und sie werden vermutlich genauso nutzenorientiert handeln wie alle Mitglieder der Gesellschaft. Das folgende Kapitel untersucht diesen Aspekt näher.

3.2 Die Rolle der Bürokratie

Eines der bedeutendsten Modelle zur ökonomischen Theorie der Bürokratie geht auf NISKANEN zurück. Zu den Basisannahmen des Modells gehört, dass der Nutzen der Menschen in Behörden positiv mit der Höhe des Budgets korreliert.[224] Neben Einkommenschancen können hohe Budgets auch Karrierechancen oder die Mög-

[224] Schöbel o.J.

lichkeiten zur Einflussnahme auf verschiedenste Belange verbessern. Gleichzeitig hat die Bürokratie einen gewissen Informationsvorsprung gegenüber der Instanz, die das Budget genehmigt.[225] In Konsequenz führt das Modell dazu, dass die Behörde ihren Output (den Service, den sie erbringt) über ein Niveau hinaus steigert, das gesamtwirtschaftlich optimal wäre, um auf diese Weise ihr Budget zu erhöhen.[226] Dies muss nicht bedeuten, dass die Behörde prinzipiell ineffizient arbeitet. Auch wenn die Behörde kosteneffizient ihre Leistungen erbringt, ist das Budget unter dem Regime des Modells zu hoch. Schlicht weil die Behörde insgesamt zu viele Leistungen erbringt.[227] Anders gesagt, tendieren Behörden dazu, Aufgaben an sich zu ziehen.

Überträgt man die Schlussfolgerungen des Modells auf die Klimapolitik, so werden Behörden, aber auch andere Institutionen (Beratergremien, Kommissionen etc.)[228], die der Politik zuarbeiten, die Tendenz haben, eine Ausgestaltung der Klimapolitik zu bevorzugen, die ihnen Aufgaben, Macht, Einfluss und größere Budgets überträgt. Wenn man weiters davon ausgeht, dass diese Institutionen auch einen gewissen Informationsvorsprung gegenüber den Politikern, denen sie zuarbeiten und die sie beraten, haben, so scheint es realistisch, dass die Bürokratie auch einen erheblichen Einfluss auf den politischen Entscheidungsprozess ausübt. Dies kann einen Erklärungsbeitrag dafür leisten, warum die Politik zu komplizierten Detaillösungen für einzelne Sektoren tendiert, anstatt zu einfacheren und möglicherweise effizienteren Instrumenten, die sich an die gesamte Gesellschaft richten. Eine solche Tendenz zu komplizierten und für die Bürokratie arbeitsintensiven Lösungen findet sich in allen drei untersuchten Instrumenten der deutschen (und europäischen) Klimapolitik:

- Die EnEV ist mit nicht unerheblichem Kontrollaufwand verbunden. Zudem muss die Politik intensiv in Detailfragen des Bauwesens und der Baumaterialien beraten werden. Schließlich müssen die präzise definierten Anforderungen permanent verschärft werden, will man wenigstens eine gewisse dynamische Wirkung erzielen. Dies macht entsprechende Gremien notwendig, die bei einer anderen Ausstattung der Klimapolitik vermutlich überflüssig wären.

---

[225] Schöbel o.J.

[226] Schöbel o.J. u. Niskanen 1971

[227] Niskanen 1971

[228] Der Begriff der Bürokratie sei in diesem Zusammenhang sehr weit interpretiert.

- Das EEG macht eine ähnliche Beratung im Bereich der Anlagentechnik zur Stromerzeugung notwendig, da technologiespezifische Fördersätze definiert und in gewissen Abständen angepasst werden müssen.
- Nicht zuletzt tendiert auch der Emissionshandel in der vorliegenden Ausgestaltung zu komplizierten Lösungen. Dies ist besonders bemerkenswert, da er in der Theorie eigentlich als relativ unkompliziertes Instrument erdacht ist. In der Tat ist auch der Handel an sich nicht besonders kompliziert geregelt. Komplex wird der europäische Emissionshandel erst durch die aufwendigen Zuteilungsregeln. In der umweltökonomischen Literatur werden die Zuteilungsregeln oft eher nebenbei behandelt. Studiert man aber die Umsetzung des Emissionshandels in der EU, so nehmen die Zuteilungsregeln zusammen mit den Regeln zu JI- und CDM-Projekten aber weit mehr Raum ein als der Handel an sich.

In all diesen Belangen gäbe es weit einfachere Lösungen, bspw. die 100%-ige Versteigerung der Emissionsberechtigungen oder eine pauschale CO_2-Steuer, die nicht auf eine Finanzierungsfunktion, sondern auf eine Lenkungsfunktion ausgerichtet ist. Die ökonomische Theorie der Politik kann eine mögliche Erklärung sein, warum solche vom Verwaltungsaufwand her einfacheren Lösungen bislang wenig Anwendung finden. Nicht zuletzt kann sie auch eine Erklärung für das tendenziell planwirtschaftliche Herangehen der deutschen Politik an Energie- und Klimafragen sein.

3.3 Die Rolle von Wachstum und technischem Fortschritt

In der deutschen Klimastrategie und ihrer öffentlichen Diskussion ist eindeutig eine Bevorzugung technologischer Lösungen zu beobachten. Manche der verwendeten Instrumente sind neben einer umweltpolitischen Motivation sogar ganz offen industrie- und technologiepolitisch motiviert.[229] Es gibt verschiedene Erklärungsmöglichkeiten dafür. In Kapitel 3.1. wurde erwähnt, dass die Wähler technologische Lösungen möglicherweise als das geringere Opfer empfinden. In Kapitel 3.4. wird das Modell des Rent-Seeking vorgestellt werden, welches ebenfalls einen Erklärungsbeitrag leisten kann. An dieser Stelle soll jedoch noch ein anderer Erklärungsversuch unternommen werden, der den Zusammenhang von technologischen Lösungen und dem BIP in den Vordergrund stellt.

[229] Neben dem EEG ist dies auch das Erneuerbare-Energie-Wärmegesetz EEWärmeG, das hier nicht explizit behandelt wurde (vgl. dazu § 1 Abs. 1 EEWärmeG).

Investitionen in Energieeffizienz steigern die Energieproduktivität im Produktionsprozess. Investitionen in erneuerbare Energieträger steigern die CO_2-Effizienz im Produktionsprozess. Nur mit diesen technologischen Lösungen ist es – zumindest theoretisch – denkbar, dauerhaftes Wachstum des BIP mit dem Klimaschutz in Einklang zu bringen. Verhaltensänderungen hingegen, insbesondere der Konsum von mehr „Freizeit"[230] anstelle von CO_2-intensiveren Gütern, würde sich vermutlich deutlich negativer auf das Wachstum des BIP auswirken. Dies müsste keineswegs gleichbedeutend sein mit einer negativen Entwicklung der gesellschaftlichen Wohlfahrt. Das BIP ist bekanntlich ein sehr unzureichendes Wohlfahrtsmaß. Dennoch scheint es – und das nicht nur in der Umweltpolitik – eine hohe Nachfrage und ein großes Angebot an klassischer Wachstumspolitik (i.S. eines BIP-Wachstums) zu geben. In den folgenden beiden Abschnitten sollen zwei Aspekte in sehr kurzer und vereinfachter Form diskutiert werden, die zur Erklärung beitragen können.

3.3.1 Die Rolle der Arbeitsproduktivität

Spätestens seit dem Wachstumsmodell von ROBERT SOLOW wissen wir, dass ein dauerhaftes Wachstum des Outputs pro Kopf nur durch technischen Fortschritt möglich ist.[231] Man kann den Gedankengang aber auch umdrehen. Es sei einmal angenommen, dass technischer Fortschritt zumindest gegenwärtig in der Weise existiert, dass die Kapital- und Arbeitsproduktivität jener Produktionsprozesse, die im BIP Berücksichtigung finden, von Jahr zu Jahr ansteigt. Wenn die Arbeitsproduktivität ansteigt, muss entweder auch der Output wachsen (und mit ihm das BIP), oder der Einsatz des Faktors Arbeit zurückgehen. Der Rückgang des Arbeitseinsatzes kann mehrere Gründe haben:

- Rückgang der Zahl an Arbeitskräften,
- weniger geleistete Arbeitsstunden pro Person oder
- steigende Arbeitslosigkeit.

Vor allem in der Vergangenheit war in den meisten Industrieländern eher ein Anstieg der Anzahl der Arbeitskräfte zu verzeichnen als ein Rückgang. Wenn man weiters davon ausgeht, dass dem Rückgang der geleisteten Arbeitsstunden pro

[230] Hiermit ist natürlich nicht eine CO_2-intensive Fernreise gemeint.

[231] Vgl. Solow 1956, insbesondere S. 85f.

Kopf institutionelle Beschränkungen (z.B. Regelarbeitszeiten) auferlegt sind, so birgt eine Wachstumsrate des BIP, die deutlich hinter dem Wachstum der Arbeitsproduktivität zurückbleibt, zwingend die akute Gefahr steigender Arbeitslosigkeit.

In der Tat findet man fast täglich politische Zitate, in denen Wachstumspolitik (i.S.v. BIP-Wachstum) primär als notwendiges Mittel zur Bekämpfung von Arbeitslosigkeit gesehen wird. Da man gleichzeitig davon ausgehen kann, dass die Gefahr der Arbeitslosigkeit von sehr vielen Wählern als Existenzbedrohung empfunden wird, ist es wenig verwunderlich, wenn Nachfrage und Angebot für Wachstumspolitik am politischen Markt groß sind. Für einige Industrienationen wird für die Zukunft ein Rückgang der Zahl der Arbeitskräfte, die am Arbeitsmarkt zur Verfügung stehen, prognostiziert. Dies könnte das Problem für die Zukunft entschärfen. Es wird interessant sein, zu beobachten, ob sich der politische Markt entsprechend verändert.

3.3.2 Die Rolle der Staatsfinanzen

Die anhaltende Berichterstattung über die europäische Schuldenkrise dürfte dazu beigetragen haben, dass auch jene Bürger, die sich sonst wenig mit solchen Fragen beschäftigen, schon mal über die Staatsverschuldung nachgedacht haben. Es gibt sehr weitreichende Literatur über die verschiedenen wechselseitigen Zusammenhänge zwischen Staatsschulden und Wirtschaftswachstum. An dieser Stelle sollen nur einige ganz einfache Überlegungen angestellt werden, die aber durchaus interessant sind.

In sehr vielen europäischen Ländern sind die Staatschulden in den letzten Jahrzehnten stark gewachsen. Dies gilt insbesondere für die absolute Höhe der Schulden, aber auch für ihre relative Größe zum BIP oder zum BSP[232]. BLANKART (2003) beschreibt die simple Tatsache:

> *„Langfristig müssen die Zinszahlungen des Staates aus dem Sozialprodukt beglichen werden. Daher kann die Staatsschuld auf lange Sicht nicht rascher wachsen als das Sozialprodukt Nur so bleibt sie ‚tragbar' […].“*[233]

---

[232] Das Bruttosozialprodukt BSP unterscheidet sich vom BIP, indem jene Faktoreinkommen abgezogen werden, die ins Ausland abfließen und jene Faktoreinkommen hinzugezählt werden, die aus dem Ausland zufließen.

[233] Blankart 2003, S. 369

Folgende einfache Formel veranschaulicht den Zusammenhang von Budgetdefizit und Altschulden:

Budgetdefizit = Staatsausgaben[234] *- Staatseinnahmen + bestehende Schulden * Zinssatz.*[235]

Staatseinnahmen und Staatsausgaben bilden das Primärbudget. Ihr Saldo stellt den Primärbudgetüberschuss oder das Primärbudgetdefizit dar.[236] Wie man leicht sieht, muss, sofern es verzinsliche Altschulden gibt, das Primärbudget einen Überschuss aufweisen, ansonsten steigt der Schuldenstand immer weiter.[237] Die Situation wird umso schwieriger, je höher die Zinsverpflichtungen im Vergleich zum BSP sind. Mit steigenden Zinsverpflichtungen müsste ein immer größerer Anteil des BSP für Zinszahlungen „reserviert“ werden, um die Staatsschulden nicht in untragbare Höhe wachsen zu lassen.[238] Die Situation entspannt sich etwas, wenn man von einem realen Wachstum des BSP ausgeht.[239] Um nicht langfristig in eine Staatspleite zu schlittern, muss jetzt nur noch die Schuldenquote zum BSP konstant gehalten werden.[240] Dafür ist die Relation von Zinssatz zu Wachstumsrate entscheidend. Solange die Wachstumsrate mindestens dem Zinssatz entspricht, genügt es wenn das Primärbudget ausgeglichen ist, um die Schuldenquote konstant zu halten.[241] Liegt die Wachstumsrate über dem Zinssatz, ist sogar ein bestimmtes Defizit des Primärbudgets tragfähig.[242] Ist hingegen das Budgetdefizit auf Dauer nicht mehr tragbar, bleiben langfristig nur die Auswege der Hyperinflation oder der Staatspleite.[243] Da beide Szenarien vermutlich von den Wählern sehr negativ goutiert werden würden, sind sie für die Anbieter im politischen Markt allenfalls eine absolute Notlösung. Als realistische Lösungen bleiben entweder massive Sparprogramme, drastische Steuererhöhungen oder die Ankurbelung des Wachstums. Man braucht nun nicht viel Fantasie für die Annahme, dass die Ankurbelung des Wachstums wahrscheinlich die Option ist, die sich am politischen Markt am einfachsten „verkaufen“ lässt.

---

[234] Ohne Zinsdienst

[235] Darstellung nach Blankart 2003, S. 369

[236] Blankart 2003, S. 369

[237] Blankart 2003, S. 370

[238] Vgl. Blankart 2003, S. 370

[239] Blankart 2003, S. 370

[240] Blankart 2003, S. 370

[241] Blankart 2003, S. 370

[242] Blankart 2003, S. 370f.

[243] Blankart 371f.

Diese simplen Überlegungen sind möglicherweise eine Erklärung für die Wachstumsorientierung der Politik, die sich durch alle Bereiche, auch die Klimapolitik, zieht. Die Politiker werden schlicht von den hohen Schuldenständen vieler Industrienationen getrieben. In diesem Sinne wäre eine Sanierung der Staatsfinanzen in Europa und den USA ein wichtiger Beitrag, die Freiräume zu schaffen, eine wirklich wohlfahrtsmaximierende Klimapolitik betreiben zu können, anstatt eine BIP-maximierende Klimapolitik betreiben zu müssen. Beides kann dasselbe sein, muss es aber nicht. Dieser Aspekt wurde in den öffentlichen Debatten um die Schuldenkrise bislang wenig beachtet.

3.4 Rent-Seeking

Begründet wurde das Konzept des Rent-Seeking von Gordon Tullock. In seinem Paper „The Welfare Costs of Tariffs, Monopolies, and Theft" stellte er die klassische mikroökonomische Betrachtung des Wohlfahrtsverlustes durch Zölle und Monopole in Frage.[244] Ausgehend von folgender Grafik lässt sich das grundlegende Problem erläutern:

Abbildung 10: Monopolrente

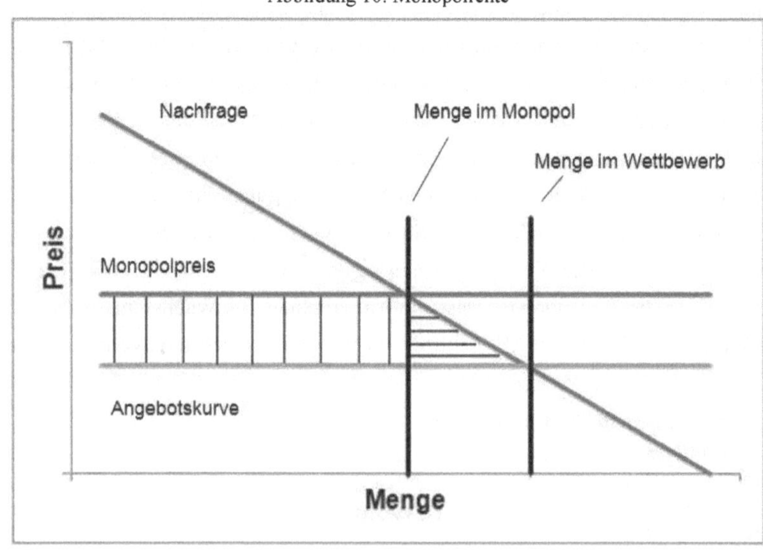

Quelle: Eigendarstellung nach Tullock 1967

[244] Tullock 1967 in Tollison & Congleton 1995, S. 3-11

Die untere waagrechte Linie spiegelt eine horizontale Angebotskurve wider, wie man sie bei vollständigem Wettbewerb in der langfristigen Perspektive erwarten kann. Die obere waagrechte Linie sei der Preis, den ein Monopolist verlangen würde, gelänge es ihm, eine Monopolstellung zu erlangen. Wie hoch ist nun der Wohlfahrtsverlust im Monopolfall? Die Ausbringungsmenge geht auf jeden Fall zurück. Beim horizontal schraffierten Dreieck, dem sog. Harberger-Dreieck, handelt es sich eindeutig um einen toten Wohlfahrtsverlust. Frühere Arbeiten konzentrierten sich bei der Untersuchung der sozialen Kosten von Monopolen oder Zöllen auf dieses Dreieck.[245] Das vertikal schraffierte Rechteck stellt die Rente des Monopolisten dar und ist ein Transfer von den Konsumenten zum Produzenten, welcher in der früheren Sichtweise die Gesamtwohlfahrt nicht verminderte. Auf diese Weise ließen sich relativ geringe soziale Kosten von Wettbewerbsbeschränkungen ermitteln.[246] Tullock vertrat die Meinung, dass in dieser statischen Sichtweise die Gesamtkosten unterschätzt würden. Er berücksichtigte in seiner Analyse die Bereitschaft des Monopolisten (oder einer anderen Person bzw. Gruppe, die von Wettbewerbsbeschränkungen profitiert) Ressourcen zu investieren um in den Genuss der Monopolrente zu kommen:

> *„Generally governments do not impose protective tariffs on their own. They have to be lobbied or pressured into doing so by the expenditure of resources in political activity.“*[247]

Wenn die Monopolrente der Zusatznutzen ist, den der Monopolist aus dem Monopol erhält, so wird er unter Umständen bereit sein, fast den ganzen Betrag der Rente in politisches Lobbying zu investieren. Wenn nur eine kleine Differenz übrigbleibt, so stellt er sich immer noch besser gegenüber der Wettbewerbssituation. Damit verlagert sich die Wohlfahrtsanalyse weg vom Harberger-Dreieck hin zum wesentlich größeren Trapez aus Harberger-Dreieck und Monopolrente.[248]

Nun sind Monopole ein extremes Beispiel, das heutzutage nur noch relativ selten in den Industrienationen vorkommt. Man kann die Sichtweise aber deutlich erweitern, indem man nicht mehr nur von Monopolen spricht, sondern von jeder Art von Wettbewerbsverzerrung (oder Transferleistungen), die es einzelnen Akteuren er-

---

[245] Vgl. Tullock 1967 in Tollison & Congleton 1995, S. 3ff.

[246] Vgl. Tullock 1967 in Tollison & Congleton 1995, S. 3ff.

[247] Tullock 1967 in Tollison & Congleton 1995, S. 7

[248] Vgl. Tullock 1967 in Tollison & Congleton 1995, S. 7ff.

möglicht, Renten zu empfangen, die sie unter vollständigen Wettbewerbsbedingungen nicht empfangen könnten. In der Tat finden sich in der deutschen und europäischen Klimapolitik, wie sie weiter oben dargestellt wurde, eine ganze Reihe von Wettbewerbsverzerrungen und Transfers, bspw.:

- **Produktstandards:** Die europäische und die deutsche Klimapolitik sind voll davon: Fenster, Kühlschränke, Verbot von Glühbirnen usw. Wer die Berichterstattung in den Medien verfolgt, weiß, dass noch mehr derartige Produkt-Mindeststandards in Vorbereitung oder angedacht sind. Auf EU-Ebene gibt die sog. Öko-Design-Richtlinie den Rahmen vor. Die konkreten Mindeststandards werden dann in einem sehr aufwendigen Verfahren für jede Produktgruppe in eigenen Ausschüssen und unter Beteiligung der betroffenen Industrie festgelegt.[249] Das gerne angebrachte Argument, solche Mindeststandards würden den Verbrauchern helfen, Kosten zu sparen[250], ist schwer nachvollziehbar. Es war schließlich auch vor dem Glühbirnenverbot schon erlaubt Energiesparlampen zu kaufen. Wenn die Verbraucher es nur verhalten taten, lag es wohl daran, dass die handelsüblichen Energiesparlampen in ihren Augen offenbar ein schlechteres Kosten-Nutzen-Verhältnis boten als Glühbirnen. Dass Verbraucher nun gesetzlich gezwungen werden, Energiesparlampen zu kaufen, ändert an diesem Problem grundsätzlich nichts. Auch sind staatliche Eingriffe in Produktionsentscheidungen bei Produzenten keineswegs immer so unbeliebt, wie in vielen oberflächlichen Darstellungen, leider auch von manchen Umweltverbänden, angenommen wird. BUCHANAN & TULLOCK haben bereits 1975 anhand eines einfachen Beispiels gezeigt, dass gesetzliche Auflagen zur Begrenzung von Umweltverschmutzung den Herstellern von umweltverschmutzenden Gütern helfen können, erhebliche Gewinne zu realisieren, die ohne staatliches Eingreifen nicht möglich wären.[251] In Buchanan & Tullocks Beispiel ging es um direkte Mengenbeschränkungen der Produktion. Diese sind bei Vorschriften zu Mindest-Effizienzstandards nicht gegeben, zumindest nicht direkt. Effizienzstandards schließen aber einen Teil der Produkte vom Markt aus. Seit dem Verbot von Glühbirnen brauchen Energiesparlampen nicht mehr mit Glühbirnen zu konkurrieren. Der Druck, die Preisdifferenz zwischen Energiesparlampen und Glühbirnen zu reduzieren, verschwindet. Möglicherweise wird sogar, zumindest tempo-

[249] Hauschild 2008

[250] Vgl. bspw. Hauschild 2008

[251] Vgl. Buchanan & Tullock 1975

rär, die Zahl der Anbieter am Markt reduziert. Beides kann den Anbietern jener Produkte, die am Markt verbleiben, helfen, Preise zu realisieren, die über den Grenzkosten oder zumindest über den Durchschnittskosten liegen. Die Produzentenrente kann dadurch vergrößert werden. Ein empirischer Nachweis dürfte mit der Schwierigkeit verbunden sein, dass in vielen Märkten die realen Preise mit der Zeit fallen, da immer neue Anbieter in den Markt drängen, bis sich optimale Betriebsgrößen und Preise auf Höhe der minimalen Durchschnittskosten gebildet haben. Dann werden keine Produzentenrenten mehr generiert. Dieser Effekt kann durchaus auch in Märkten, die durch Mindest-Effizienzstandards einen gewissen Protektionsgrad aufweisen, vorkommen. Je höher jedoch die Markteintrittsbarrieren (also bspw. Effizienzstandards) sind, desto langsamer wird ceteris paribus dieser Prozess ablaufen. Man kann also durchaus davon ausgehen, dass es in vielen Märkten Anbieter gibt, die ein erhebliches Eigeninteresse an der Einführung von Mindest-Produktstandards haben. Da die Politik i.d.R. schon alleine aufgrund eines Informationsdefizits auf die Mitwirkung der Produzenten am Gesetzgebungsprozess angewiesen sein wird, haben diese auch die Möglichkeit den Gesetzgebungsprozess in ihrem Sinne zu beeinflussen. Ob derartige Standards hingegen immer auch der Umwelt dienen, ist eine ganz andere Frage. Es wurde in der Vergangenheit bereits mehrfach empirisch nachgewiesen, dass verbesserte Effizienz des Ressourceneinsatzes keineswegs zwingend zur Reduktion des Verbrauchs dieser Ressource führt, in manchen Fällen passierte sogar das Gegenteil.[252]

- **Subventionen:** Die Mindestpreise des EEG stellen Transferleistungen an die Betreiber bestimmter Stromerzeugungsanlagen dar. Zudem schaffen die gezielten Subventionen bestimmter Technologien Wettbewerbsverzerrungen zugunsten dieser Technologien. Nicht nur die Betreiber, sondern auch die Anlagenhersteller werden in vielen Fällen ein fundamentales Interesse an der Aufrechterhaltung dieser Transfers haben.

- **Zuteilungsregeln im Emissionshandel:** Die kostenlose Zuteilung der Zertifikate kann man auch als Transferleistung an bestimmte Produzenten interpretieren. Gerade jene Sektoren, denen ein Einpreisen der Zertifikatkosten in ihre Produkte gelungen ist, können bei kostenloser Zuteilung erhebliche Renten empfangen.

[252] Vgl. York 2006

In der letzten Handelsperiode 2008 bis 2012 wurde dies vor allem im Bereich der Stromwirtschaft unterstellt.

Wie hoch der Wohlfahrtsverlust durch den Ressourceneinsatz zur Beeinflussung des politischen Entscheidungsprozesses ist, lässt sich schwer sagen. Nicht der gesamte Ressourceneinsatz für Rent-Seeking muss aus gesellschaftlicher Perspektive „versunkene“ Kosten darstellen.[253] Es kommt mit Sicherheit sehr darauf an, auf welche Art und Weise die Akteure versuchen, Einfluss zu nehmen. Bloße Einkommensübertragungen an andere Gesellschaftsmitglieder mit dem Zweck deren Entscheidung zu beeinflussen sind möglicherweise sogar mit geringeren sozialen Gesamtkosten verbunden als andere Aktivitäten.[254] Der moralische Aspekt vieler Spielarten solcher Einkommensübertragungen ist natürlich ein ganz anderer, lässt sich aber mit ökonomischen Methoden schwer greifbar machen. In anderen Fällen lässt sich hingegen auch aus Sicht der ökonomischen Effizienz der gesellschaftliche Schaden aus Rent-Seeking-Aktivitäten leicht veranschaulichen. Werden bspw. Lobbyistenbüros unterhalten, die dafür notwendigen Ressourcen/Faktoren einer alternativen Nutzung entzogen[255] und werden diese Faktoren zu ihren Opportunitätskosten entlohnt, so kann man davon ausgehen, dass ein großer Teil dieser Aufwendungen für Rent-Seeking aus gesellschaftlicher Sicht verloren ist.[256]

Auf welche Weise Rent-Seeking in Deutschland und Europa stattfindet, lässt sich im Rahmen dieser Arbeit nicht klären. Entsprechend lässt sich auch über die Höhe des Wohlfahrtsverlustes nichts Genaues sagen. Vermutlich sind sehr viele Spielarten vertreten, mit einem unterschiedlichen Anteil an versunkenen Kosten. Wenn man aber einmal davon ausgeht, dass der gesellschaftliche Wohlfahrtsverlust tendenziell umso höher ist, je höher die Gesamtaufwendungen für Rent-Seeking sind, stellt sich unweigerlich die Frage, was die Höhe des Ressourceneinsatzes bestimmt. Ein rationaler Akteur wird genau so viele Ressourcen in Rent-Seeking investieren, bis die Grenzkosten dem von ihm erwarteten Grenznutzen entsprechen.[257] Das Ausmaß von Rent-Seeking-Ausgaben wird also umso höher sein, je besser die Akteure ihre Chancen einschätzen, dadurch in den Genuss hoher Renten zu kommen. Es erscheint nicht unplausibel, dass eine sektoren- und technologiespezifische

253 Weck-Hannemann 1992, S. 46

254 Weck-Hannemann 1992, S. 46f.

255 Wovon man bei Personal und Kapital ausgehen kann.

256 Vgl. Tullock 1967 in Tollison & Congleton 1995, S. 7

257 Tullock 1967 in Tollison & Congleton 1995, S. 7

Klimapolitik die Möglichkeiten für die einzelnen Akteure erhöht, für sich spezifische Wettbewerbsvorteile oder Transfers zu sichern. Unter dieser Annahme dürfte die bestehende deutsche und europäische Klimapolitik, die nach wie vor stark auf eine energiepolitische Detailplanung setzt, anstatt ökologische Leitplanken zu definieren, innerhalb derer ökonomische Prozesse unverzerrt ablaufen können, zu einem hohen Ausmaß an Rent-Seeking-Aufwendungen führen.

4. Was nun? – Eine kritische Zusammenfassung

Diese Arbeit hat die deutsche Klimastrategie, insbesondere drei gesetzgeberische Kernelemente, zunächst aus der normativen Sicht der Wohlfahrtsökonomik analysiert. Im Fokus standen dabei die Kriterien der statischen und dynamischen Kosteneffizienz der Instrumente sowie ihre Treffsicherheit hinsichtlich bestimmter klimapolitischer Ziele. Anschließend wurde versuchte, bestimmte Eigenheiten der deutschen Klimapolitik aus der deskriptiven Sicht der Neuen Politischen Ökonomie zu erklären. Fasst man die Erkenntnisse der vorangegangenen drei Kapitel zusammen, so kommt man zu folgenden Schlüssen:

1. Staatliche Eingriffe zu Gunsten des Klimaschutzes sind absolut notwendig, um große Schäden, bis hin zum Untergang ganzer Nationen, abzuwehren.
2. In Deutschland kommt derzeit ein Mix unterschiedlicher Instrumente zum Einsatz, denen man einen unterschiedlichen Grad an Effizienz und Treffsicherheit unterstellen kann.
3. In Summe dürfte das Ziel, eine definierte Reduktion beim Ausstoß von Treibhausgasen kosteneffizient und treffsicher zu erreichen, mit dem vorliegenden Mix an Instrumenten verfehlt werden.
4. Unter Verwendung einiger Basismodelle der Neuen Politischen Ökonomie lässt sich zeigen, dass gesamtgesellschaftlich kosteneffiziente Lösungen nicht unbedingt im Interesse der Akteure sein müssen, die am politischen Entscheidungsprozess maßgeblich beteiligt sind.

Wenn man davon ausgeht, dass die Lösung des Klimaproblems in jedem Fall mit enormen sozialen Kosten verbunden sein wird, so sind kosteneffiziente Lösungen unbedingt erforderlich. Ineffiziente Strategien können zum Scheitern des Klimaschutzes als Ganzes führen. Droht dem Klimaschutz vor dem Hintergrund der obigen Erkenntnisse nun tatsächlich ein Scheitern? Eine solche Sichtweise wäre sicherlich zu pessimistisch. Neben der Effizienz und Treffsicherheit der verwendeten Instrumente wird vor allem das Zustandekommen wirksamer globaler Abkommen zum Klimaschutz entscheidend sein. Nur so kann das globale Trittbrettfahrerproblem gelöst werden. Wie gut die Chancen für ein solches Abkommen stehen, kann an dieser Stelle nicht gesagt werden. Diese Arbeit hat sich nicht mit internationaler

Politik befasst. An dieser Stelle kann nur der Hoffnung Ausdruck verliehen werden, dass bald ein Abkommen zustande kommt, dass einen entscheidenden Durchbruch im internationalen Klimaschutz darstellt.

Ein paar Lehren können aus der Analyse der deutschen Klimastrategie gezogen werden. Diese Lehren gelten unabhängig davon, ob man über einzelstaatliche oder internationale Maßnahmen zum Klimaschutz spricht. Eine effiziente Klimastrategie sollte folgende Aspekte berücksichtigen:

- Sie sollte eine gesamtgesellschaftliche Begrenzung des THG-Ausstoßes vorsehen, losgelöst von einzelnen Verbrauchssektoren. Eine Detailplanung für einzelne Sektoren überfordert, auch wenn sie von umfangreichen (ingenieurwissenschaftlichen) Studien begleitet wird, mit Sicherheit die zentrale Planungsinstanz. Beim Versuch der Detailsteuerung besteht die große Gefahr, Anreize für massive Fehlallokationen zu setzen.
- Insbesondere sollten die verwendeten Instrumente möglichst keine Anreize für Rent-Seeking setzen.
- Die Sanierung der Staatsfinanzen sollte auch deshalb vorangetrieben werden, um den Wachstumsdruck von den Regierungen zu nehmen und so Spielräume für eine effiziente Lösung des Klimaproblems zu schaffen.
- Die niedrigen Geburtenzahlen vieler Industrienationen sollten auch als Chance begriffen werden.
- Energieeffizienzauflagen scheinen sehr ungeeignet um Klimaschutzziele zu erreichen. Sie sind mit Sicherheit nicht kosteneffizient. Ihre Treffsicherheit hinsichtlich eines konkreten Einsparvolumens beim Gesamtausstoß von Treibhausgasen ist sehr gering. Es ist fraglich, ob reine Effizienzauflagen langfristig überhaupt zu einem niedrigeren Ressourcen-verbrauch führen. Zudem bieten solche Auflagen klare Ansatzpunkte für Rent-Seeking.
- Mindestpreise können ein sehr wirksames Instrument sein, den Einsatz bestimmter Technologien zu steigern. Ihr Einsatz kann unter bestimmten Bedingungen sinnvoll sein. Dennoch sollten sie mit Vorsicht verwendet werden, insbesondere sollte es einen klaren Zeitplan für den Ausstieg aus der Subvention geben. Das Vertrauen auf Skalen- und Lernkurveneffekte sollte mit Vorsicht genossen werden.

- Beim Ausstoß von Treibhausgasen handelt es sich um einen negativen externen Effekt. In diesem Fall sind Lösungen, die den Verursachern die Kosten ihres Handelns auferlegen, sicherlich langfristig wesentlich erfolgreicher als Subventionslösungen für klimafreundliches Verhalten. Denkbar ist hier eine Preissteuerung über eine CO_2-Steuer oder eine Mengensteuerung über handelbare Zertifikate wie in der EU. Entscheidend für deren Erfolg ist vor allem der politische Wille eine entscheidende Begrenzung des THG-Ausstoßes zu beschließen. Ein besonders Problem stellt die Gefahr bloßer CO_2-Verlagerungen ins Ausland in Folge von Steuer oder Zertifikatenkosten dar. Im Gegensatz zur Steuerlösung bietet der Emissionshandel die Möglichkeit, über die Gratiszuteilung von Emissionsberechtigungen an verlagerungsgefährdete Anlagen aufgrund der Opportunitätskosten auch bei diesen einen Anreiz zum Klimaschutz zu setzen, ohne die Verlagerungsgefahr zu groß werden zu lassen. Endgültig befriedigend ist dieser Ansatz jedoch nicht. Nicht zuletzt bietet er wiederum massives Potenzial für Rent-Seeking. Besser, wenngleich schwierig in der internationalen Politik durchsetzbar, wäre die Integration von immer mehr Ländern in das System – und zwar ausschließlich auf Basis real messbarer Emissionen und nicht durch Vergleichsrechnungen wie bei JI- und CDM-Projekten.

- Wenn man sich für eine Mengensteuerung über handelbare Berechtigungen entscheidet, sollte die Möglichkeit eliminiert werden, durch rein rechnerische Emissionsreduktion neue Berechtigungen zu generieren. Diese Möglichkeit weicht die an sich gute Treffsicherheit der Methode auf.

- Die Obergrenze der zulässigen Emissionen muss sich an der ökologischen Tragfähigkeit orientieren. Der Handel der Emissionsrechte hat den Sinn, sicherzustellen, dass unter Einhaltung dieser Obergrenze ein Maximum an gesellschaftlicher Wohlfahrt generiert wird. Nicht entscheidend für die zentrale Planungsinstanz sollte sein, wie am Ende die geforderte Reduktion von Emissionen erfolgt. Die explizite Integration bestimmter Wachstumsziele oder -erwartungen in die Festlegung des Emissionsbudgets birgt die Gefahr, die Obergrenze aufzuweichen.

- Eine Verteuerung oder Begrenzung des CO_2-Ausstoßes, aber auch die Subvention bestimmter Technologien kann bestimmte ungewollte Effekte auslösen, bspw. die Verteuerung von Lebensmitteln in der „Dritten Welt", durch den verstärkten Einsatz von Biosprit in den Industrienationen. Derartigen externen Effekten kann und muss man mit ergänzenden Instrumenten gegensteuern.

Gibt es so etwas wie eine ideale Klimastrategie? Das lässt sich schwer sagen. Das größte Potenzial für langfristige Erfolge im Klimaschutz steckt wahrscheinlich in einer gezielten, direkten Mengensteuerung des Treibhausgas-Ausstoßes. Gegenüber einer Steuer hat sie den Vorteil, dass sie wesentlich treffsicherer ist. Die aktuelle Kritik am europäischen Emissionshandel ist teils berechtigt. Die Gratiszuteilung der Berechtigungen für bestimmte Großverbraucher kann zu ungewollten Effekten führen. Auch wird die Wirkung des Emissionshandels dadurch beschnitten, dass ganz wesentliche Emissionsbereiche, z.B. Straßenverkehr und der Privatbereich, ausgenommen sind. Sie zu integrieren, wäre eine gewaltige Herausforderung, aber auch eine gewaltige Chance den Klimaschutz weiterzuentwickeln. Die Atmosphäre ist ein Allmendegut. Und wie bei den mittelalterlichen Gemeinschaftsweiden wird auch die nachhaltige Nutzung der Atmosphäre die Anwendung des Ausschlussprinzips und damit die Definition von Eigentumsrechten erfordern. Dies wirft dann die Frage auf, wem die Atmosphäre gehören soll. Die Gratiszuteilung von Emissions-Berechtigungen an Großverbraucher ähnelt einer Eigentumsüberlassung an diese Großverbraucher. Eine solche Lösung erscheint wenig befriedigend. Insbesondere stellt sich die Frage, ob sie auf Dauer von der Bevölkerung akzeptiert wird. Als Alternative wird häufig die staatliche Versteigerung von Emissions-Berechtigungen genannt. Diese Lösung kommt einer Eigentumsübertragung an den Staat gleich. An dieser Stelle soll noch eine andere Lösung angedacht werden, die bislang in der Praxis wenig Beachtung gefunden hat: die Übertragung der Emissionsrechte an die einzelnen Menschen, unabhängig ihrer Herkunft. Alle Bürger aller Staaten, die sich am System beteiligen, würden die gleiche Menge an Berechtigungen erhalten, die sie entweder selber nutzen oder verkaufen könnten. Eine solche Lösung könnte einigermaßen sicherstellen, dass die Lebenshaltungskosten für die Bürger trotz Klimaschutzmaßnahmen finanzierbar bleiben. Sicher, der administrative Aufwand, bis ein solches System läuft, wäre enorm. Es wären auf einmal viel mehr Akteure beteiligt als im gegenwärtigen Handelssystem der EU. Man könnte den Verwaltungsaufwand aber dadurch reduzieren, dass man sich, außerhalb jener Anlagen, die jetzt schon am Emissionshandel partizipieren, auf den CO_2-Ausstoß aus fossilen Energieträgern beschränkt. Dieser verursacht weltweit den größten Teil der Treibhausgas-Emissionen. Konzentriert man sich auf fossile Energieträger, könnte man die Pflicht zur Abgabe von Emissionsberechtigungen bei einer überschaubaren Zahl von Endenergieverkäufern, bspw. Raffinerien oder Gasversorgern, ansiedeln. Die Notwendigkeit, die Emissionen einzelner Bürger zu überwachen, würde damit wegfallen. Auch ein solches System würde natürlich immer noch einen erheblichen Verwaltungsaufwand nach sich ziehen. Andererseits muss man auch an den Aufwand denken, der derzeit mit Ausschüssen, Kommissionen, Beratergremien etc. betrieben wird, um bspw. Ökodesign-Standards für Produkte festzulegen – und das mit zweifelhafter Wirksamkeit und zweifelhaften Verteilungseffekten. Solche Gremien wären bei einer Weiterentwicklung des Emissionshandels überflüssig. Die Übertragung der Eigentumsrechte an der Atmosphäre an die einzelnen Bürger und die gleichzeitige Ausweitung des Handelssystems auf eine größere Zahl von Ländern würde noch eine andere Chance bieten: Wenn man die armen Länder der Welt miteinbezieht und ihren Bürgern die gleiche Zahl an Emissionsberechtigungen zugesteht, so könnten die ärmsten Menschen der Erde auf einmal erhebliche Faktoreinkommen aus dem Verkauf ihrer Berechtigungen empfangen. Sie würden dann dafür entlohnt werden, dass sie aufgrund ihres bescheidenen Lebensstils der Welt weit mehr Emissionen ersparen, als es den Industrie- und Schwellenländern vielleicht je durch ihre Klimaschutzinvestments gelingen wird. Denn wenn es überhaupt noch eine Chance gibt, den Klimawandel auf 2° C zu begrenzen, dann nur, weil viele Milliarden Menschen auf der Welt nach wie vor, ob gewollt oder ungewollt, auf einem sehr niedrigen Konsum- und Emissionsniveau leben. Ein Transfer, der direkt bei den betroffenen Menschen ankommt, sie gezielt für die äußerst geringe Nutzung der Erdatmosphäre entlohnt und auf diese Weise hilft, dringliche soziale Probleme zu mildern, erscheint absolut angemessen und begründbar. Gewiss sind solche Überlegungen im Moment nur Gedankenspiele, sie sind es aber sicherlich Wert, weiter verfolgt zu werden.

Literaturverzeichnis

BLANKART C. B. 2003: *Öffentliche Finanzen in der Demokratie*. Verlag Franz Vahlen, München

BRENNSTOFFSPIELGE + MINERALÖLRUNDSCHAU (HRSG.) 2012: *EU erwägt dauerhafte Verknappung von CO2-Zertifikaten.* Artikel vom 16.11.2012, Download: http://www.brennstoffspiegel.de/energiepolitik.html?newsid=13496&title=EU+erw%C3%A4gt+dauerhafte+Verknappung+von+CO2-Zertifikaten, 17.12.2012

BRUNNHUBER S. : *Grenzen des Wachstums – Wachstum ohne Grenzen. Zum Verhältnis von Wirtschaftswachstum, Wissensökonomie und internationalen Finanzkapitalmärkten.* Bundesministerium der Finanzen, Wien, März 2001 Download: http://m.bmf.gv.at/Publikationen/Downloads/Schriftenreihe/grenzen.pdf, 19.9.2012

BUCHANAN J. M., & TULLOCK G. 1975: *Polluters' Profits and Political Response: Direct Controls Versus Taxes.* in: The American Economic Review, Vol. 65, Is. 1, März 1975, Download: http://columbiauniversity.us/itc/sipa/u8213-03/packet/buchanan1-600.pdf, 19.12.2012

BUNDESMINISTERIUM FÜR WIRTSCHAFT UND TECHNOLOGIE (BMWi), & BUNDESMINISTERIUM FÜR UMWELT, NATURSCHUTZ UND REAKTORSICHERHEIT (BMU) (Hrsg.): *Bericht zur Umsetzung der in der Kabinettsklausur am 23/24.08.2007 in Meseberg beschlossenen Eckpunkte für ein integriertes Energie- und Klimaprogramm.* Berlin, 5.12.2007 Download: http://www.bmu.de/files/pdfs/allgemein/application/pdf/gesamtbericht_iekp.pdf, 4.9.2012

BUNDESMINISTERIUM FÜR UMWELT, NATURSCHUTZ UND REAKTORSICHERHEIT (BMU) (Hrsg.) 2011: *Bundeskabinett beschließt Gesetzentwurf zur Neuregelung des Emissionshandels.* Artikel vom 16.2.2011, Download: http://www.bmu.de/pressemitteilungen/aktuelle_pressemitteilungen/pm/47025.php, 12.12.2012

BUNDESMINISTERIUM FÜR UMWELT, NATURSCHUTZ UND REAKTORSICHERHEIT (BMU) (Hrsg.) 2011: *Kyoto-Mechanismen.* Artikel, Download: http://www.bmu.de/klimaschutz/kyoto-mechanismen/doc/20217.php, 14.12.2012

BUNDESMINISTERIUM FÜR UMWELT, NATURSCHUTZ UND REAKTORSICHERHEIT (BMU) (Hrsg.) 2011: *Kyoto-Protokoll.* Artikel, Download: http://www.bmu.de/klimaschutz/internationale_klimapolitik/kyoto_protokoll/doc/20226.php, 14.9.2012

BUNDESREGIERUNG (Hrsg.) 2007: *Eckpunkte für ein integriertes Energie- und Klimaprogramm.* Download: http://www.bmu.de/files/pdfs/allgemein/application/pdf/klimapaket_aug2007.pdf, 4.11.2012

BUNDESREGIERUNG (Hrsg.) 2010: *Energiekonzept für eine umweltschonende, zuverlässige und bezahlbare Energieversorgung.* Publikation der deutschen Bundesregierung vom 28. September 2010, Download: http://www.bundesregierung.de/Content/DE/_Anlagen/2012/02/energiekonzept-final.pdf?__blob=publicationFile&v=5, 26.9.2012

BUND FÜR UMWELT UND NATURSCHUTZ DEUTSCHLAND E.V. (BUND) (Hrsg.) o.J.: *Der Emissionshandel: Ein Instrument mit zahlreichen Mängeln.* Download: http://www.bund.net/themen_und_projekte/klima_energie/emissionshandel/, 24.11.2012

BUND FÜR UMWELT UND NATURSCHUTZ LANDESVERBAND NORDRHEIN-WESTFALEN E.V. (BUND-NRW) (Hrsg.): *Der Emissionshandel: Ein Instrument mit zahlreichen Mängeln.* Download: http://www.bund-nrw.de/themen_und_projekte/energie_klima/emissionshandel/, 20.12.2012

BUTLER L., & NEUHOFF K. 2004: *Comparison of Feed in Tariff, Quota and Auction Mechanisms to Support Wind Power Developement.* Working Paper des Department of Applied Economics der University of Cambridge und des Centers for Energy and Environmental Policy Research des Massachusetts Institute of Technology, Download: http://www.dspace.cam.ac.uk/bitstream/1810/131635/1/ep70.pdf, 4.12.2012

DEUTSCHER INDUSTRIE- UND HANDELSKAMMERTAG (DIHK) (Hrsg.) 2012: *Faktenpapier Emissionshandel: Fakten und Argumente zur Verknappung von CO2-Zertifikaten in der dritten Handelsperiode 2013-2020 („Set Aside“).* Publikation des DIHK vom 25.7.2012, Download: http://www.hk24.de/linkableblob/1996736/.6./data/Faktenpapier_Emissionshandel-data.pdf;jsessionid=837D76273A24085A3F5955055DBB8229.repl2, 13.12.2012

DIEKMANN J., & KEMFERT C. 2005: *Erneuerbare Energien: Weitere Förderung aus Klimaschutzgründen unverzichtbar.* Artikel im DIW Wochenbericht Nr. 29/2005, Download: http://www.diw.de/documents/publikationen/73/diw_01.c.43392.de/05-29-1.pdf, 4.12.2012

DIETZ TH., OSTROM E., & STERN P. C. 2003: *The Struggle to Govern the Commons.* Artikel im Magazin Science, Vol. 302, Dezember 2003, Download: http://www.eebweb.arizona.edu/courses/ecol206/dietz%20et%20al.%202003%20the%20struggle%20to%20govern%20the%20commons.pdf, 14.1.2013

DOWNS A. 1957: *The Statics and Dynamics of Party Ideologies.* aus: *An Economic Theory of Democracy.* Harper & Brothers, New York, in: MUELLER D. C. 2001: *The Economics of Politics Volume II.* Edward Elgar Publishing, Cheltenham, UK / Northhampton MA, USA

DOWNS A. 1972: *Up an Down with Ecology – the "Issue-Attention Cycle".* Artikel aus The Public Interest, 28, Sommer 1972, in: DOWNS A. 1998: *Political Theory and Public Choice – The Selected Essays of Anthony Downs Volume One.* Edward Elgar Publishing, Cheltenham, UK / Northhampton MA, USA

EHRING G. 2012: *Klimakonferenz in Bangkok soll Weichen für Doha stellen.* Mitschrift eines Interviews im Deutschlandfunk vom 5.9.2012 mit Georg Ehring, dem Klimaexperten von Deutschlandfunk, Download: http://www.dradio.de/dlf/sendungen/umwelt/1858398/, 24.9.2012

ENERGIEEINSPARVERORDNUNG (EnEV) vom 16.11.2001, Download: http://www.haustechnikdialog.de/downloads/enev_21_11_01.pdf, 19.9.2012

ENERGIEEINSPARVERORDNUNG (EnEV) vom 24.7.2007, in der Fassung vom 29.4.2009, Download: http://www.gesetze-im-internet.de/bundesrecht/enev_2007/gesamt.pdf, 20.9.2012

ENTWURF ZUR ÄNDERUNG DER ENERGIEEINSPARVERORDNUNG (EnEV) vom 18.6.2008, Download: http://www.geb-info.de/Gentner.dll/entwurf-enev-2009-180608_MjA1NjYy.PDF?UID=7DF158006C5F0B9C92D5356A5AA75FF1C2CFC1BA91C98516BB, 27.11.2012

ERNEUERBARE-ENERGIEN-GESETZ (EEG) vom 25.10.2008, in der Fassung vom 17.8.2012, Download: http://www.gesetze-im-internet.de/bundesrecht/eeg_2009/gesamt.pdf, 30.11.2012

ERNEUERBARE-ENERGIEN-WÄRMEGESETZ (EEWärmeG) vom 7.8.2008, Download: http://www.gesetze-im-internet.de/bundesrecht/eew_rmeg/gesamt.pdf, 19.9.2012

EURACTIV.DE (Hrsg.) 2012: *EU-KOmmissions: Emissionszertifikate sollen teurer werden.* Artikel vom 25.7.2012, Download: http://www.euractiv.de/ressourcen-und-umwelt/artikel/eu-kommission-emissionszertifikate-sollen-teurer-werden-006569, 13.12.2012

EUROPÄISCHE KOMMISSION (Hrsg.) 2011: *2011/278/EU: Beschluss der Kommission vom 27. April 2011 zur Festlegung EU-weiter Übergangsvorschriften zur Harmonisierung der kostenlosen Zuteilung von Emissionszertifikaten gemäß Artikel 10a der Richtlinie 2003/87/EG des Europäischen Parlaments und des Rates.* Download: http://eurlex.europa.eu/LexUriServ/LexUriServ.do?uri=OJ:L:2011:130:FULL:DE:PDF, 12.12.2012

FAUCHEUX S., & NOËL J.-F. 2001: *Ökonomie natürlicher Ressourcen und der Umwelt.* Metropolis Verlag, Marburg

FINANCIAL TIMES DEUTSCHLAND (HRSG.) 2002: *Tuvalu will USA wegen Klimasünden verklagen.* Artikel vom 29.8.2002, Download: http://www.ftd.de/politik/international/:tuvalu-will-usa-wegen-klimasuenden-verklagen/1030560958107.html, 14.11.2012

FINANCIAL TIMES DEUTSCHLAND (Hrsg.) 2012: *Bund und Länder einigen sich auf CO2-Gesetz.* Artikel vom 27.6.2012, Download: http://www.ftd.de/politik/deutschland/:ccs-speicherung-bund-und-laender-einigen-sich-auf-co2-gesetz/70055700.html, 5.11.2012

FINANCIAL TIMES DEUTSCHLAND (Hrsg.) 2012: *Absturz der CO_2-Preise alarmiert EU.* Artikel vom 11.7.2012, Download: http://www.ftd.de/finanzen/maerkte/rohstoffe/:emissionshandel-absturz-der-co2-preise-alarmiert-eu/70018244.html, 17.12.2012

FOCUS ONLINE (Hrsg.) 2012: *Einspeisevergütung sinkt stärker als sonst – Für Solarstrom gibt es ab heute weniger Bonus.* Artikel vom 1.11.2012, Download: http://www.focus.de/immobilien/energiesparen/einspeiseverguetung-sinkt-staerker-als-sonst-fuer-solarstrom-gibt-es-ab-heute-weniger-bonus_aid_851169.html, 1.12.2012

FRANKE S. F. 2000: *(Ir)rationale Politik? Grundzüge und politische Anwendungen der Ökonomischen Theorie der Politik.* Metropolis-Verlag, Marburg

FRITSCH M., WEIN TH., & EWERS H.-J. 2003: *Marktversagen und Wirtschaftspolitik.* Verlag Franz Vahlen, München

FRÖHLICH A., & MATERN M. 2011: *CCS: EU hat Verfahren gegen Deutschland eingeleitet.* Artikel der Potsdamer Neueste Nachrichten vom 23.9.2011, Download: http://www.pnn.de/brandenburg-berlin/580085/, 5.11.2012

Gabler Wirtschaftslexikon. 12. Auflage. Betriebswirtschaftlicher Verlag Dr. Th. Gabler, Wiesbaden 1988

GESETZ ÜBER DEN HANDEL MIT BERECHTIGUNGEN ZUR EMISSION VON TREIBHAUSGASEN (Treibhausgas-Emissionshandelsgesetz – TEHG) vom 21.07.2011, in der Fassung vom 22.12.2011, Download: http://www.gesetze-im-internet.de/bundesrecht/tehg_2011/gesamt.pdf, 10.12.2012

GESETZ ÜBER PROJEKTBEZOGENE MECHANISMEN NACH DEM PROTOKOLL VON KYOTO ZUM RAHMENÜBEREINKOMMEN DER VEREINTEN NATIONEN ÜBER KLIMAÄNDERUNGEN VOM 11. DEZEMBER 1997 (Projekt-Mechanismen-Gesetz – ProMechG) vom 22.9.2005, in der Fassung vom 22.12.2011, Download: http://www.gesetze-im-internet.de/bundesrecht/promechg/gesamt.pdf, 22.9.2012

GUGELE B., HUTTUNEN K., & RITTER M. 2004: *Kyoto-Fortschrittsbericht Österreich 2004.* Umweltbundesamt GmbH, Wien

HACKHAUSEN J. 2012: *Solar-Pleitewelle vernichtet Milliarden.* Artikel im Handelsblatt vom 11.7.2012, Download: http://www.handelsblatt.com/finanzen/aktien/aktien-im-fokus/die-naechste-insolvenz-solar-pleitewelle-vernichtet-milliarden/v_detail_tab_print/6865816.html, 6.12.2012

HÄDER M. 1997: *Umweltpolitische Instrumente und Neue Institutionenökonomik.* Deutscher Universitäts-Verlag, Wiesbaden

HANDELSBLATT (Hrsg.) 2012: *EU will Preise im Emissionshandel in die Höhe treiben.* Artikel vom 14.11.2012, Download: http://www.handelsblatt.com/politik/international/co2-zertifikate-eu-will-preise-im-emissionshandel-in-die-hoehe-treiben/7389550.html, 20.12.2012

HANLEY N., SHOGREN J.F., &WHITE B. 1997: *Environmental Economics.* Macmillan Press, Houndmills/Basingstoke/Hampshire/London

HAUSCHILD H. 2008: *EU will Energiefresser vom Markt verbannen.* Artikel im Handelsblatt vom 17.7.2008, Download: http://www.handelsblatt.com/politik/international/mindeststandards-eu-will-energiefresser-vom-markt-verbannen/v_detail_tab_print/2990436.html, 19.12.2012

HENSS TH. 2008 *Fernwärme aus Biomasse und kommunale Nachhaltigkeit.* ibidem-Verlag, Stuttgart

HOLDREN J. P., & EHRLICH P. R. 1974: *Human Population and the Global Environment.* American Scientist, Vol. 62. Download: http://mahb.stanford.edu/wp-con tent/uploads/2011/12/1974_holdren_ehrlich_humanpopglobalEnviron.pdf, 18.9.2012

HORN K. 2011: *Wo Kuh und Schaf gemeinsam grasen.* Artikel in der FAZ vom 2.2.2011, Download: http://www.faz.net/aktuell/wirtschaft/wirtschaftswissen/allmende-wo-kuh-und-schaf-gemeinsam-grasen-1581179.html#Drucken, 21.11.2012

IEA – INTERNATIONAL ENERGY AGENCY (Hrsg.) 2011 *Key World Energy Statistics.* Download: http://www.iea.org/textbase/nppdf/free/2011/key_world_energy_stats.pdf, 18.9.2012

ISOPLUS FERNWÄRMETECHNIK VERTRIEBSGES. (Hrsg.) 2010: Rubrik Umwelt auf der Homepage www.isoplus.de, insbesondere die Subseiten:
* http://www.isoplus.de/de/umwelt/loesungsansaetze/
* http://www.isoplus.de/de/umwelt/loesungsansaetze/verhaltensaenderung/
* http://www.isoplus.de/de/umwelt/loesungsansaetze/energieeffizienz/
* http://www.isoplus.de/de/umwelt/loesungsansaetze/regenerative-energiequellen/,
Download: 12.10.2012

JAEGER N. 2010: *Der Clean Development Mechanism – (ab)used by Germany?* Diplomarbeit, Berlin, Download: http://www.klimaschutz-ist-menschenrecht.de/sites/de fault/files/pdf/nicola-jaeger_der-clean-development-mechanism-cdm-abused-by-germany2.pdf, 14.12.2012

JAEGER N. 2011: Interview im Deutschlandfunk im Rahmen eines Beitrages von W. Stahl unter dem Titel *Im Namen des Klimaschutzes – Der weltweite Handel mit Verschmutzungsrechten*, vom 24.10.2011, Download: http://www.dradio.de/dlf/sendungen/hintergrundpolitik/1587064/, 14.12.2012

KFW-BANKENGRUPPE, & ZENTRUM FÜR EUROPÄISCHE WIRTSCHAFTSFORSCHUNG (ZEW) (Hrsg.) 2012: *CO2 Barometer.* Januar 2012, Download: http://ftp.zew.de/pub/zew-docs/co2panel/de/CO2Barometer012012.pdf, 14.12.2012

KLAWITTER N. 2010: *Lukrative Verschmutzung - Von Geschäften mit Emissionsrechten profitieren viele - nur die Umwelt kaum.* Artikel in Der Spiegel vom 27.12.2010, Download: http://www.spiegel.de/spiegel/print/d-75936250.html, 14.12.2012

KOLLMANN A., & SCHNEIDER F. 2011: *Warum ist die Umweltpolitik in repräsentativen Demokratien unzureichend? Eine Public-Choice Analyse.* Publikation der Johannes Kepler Universität Linz, Download: http://www.econ.jku.at/members/Schneider/files/publications/2011/KollmUmwelt.pdf, 17.12.2012

KWAPICH TH. o.J.: Interview zur Einführung EnEV 2009 auf der Homepage der Deutschen Energie-Agentur (dena). Download: http://www.zukunft-haus.info/de/planer-handwerker/fachwissen-bauen-und-sanieren/gesetze-und-verordnungen/enev-2009/enev-2009-interview.html, 27.11.2012

MARCHETTI C. 1977: *Primary Energy Substitution Models: On the Interaction between Energy and Society.* Technological Forecasting and Social Change, Vol. 10. Download: http://www.cge.uevora.pt/energia/marchetti/MARCHETTI-007.pdf, 18.9.2012

METZL A. (Hrsg.): *Einspeisevergütung PV 2012.* Download: http://www.photovoltaik-web.de/finanzierung/einspeiseverguetung-pv-2012.html, 1.12.2012

NISKANEN W. A. 1971: *Budget and Output Behavior.* aus: *Bureaucracy and Represantative Government.* Aldine-Atherton, Chicago, in: MUELLER D. C. 2001: *The Economics of Politics Volume II.* Edward Elgar Publishing, Cheltenham, UK / Northhampton MA, USA

NITSCH J., PREGGER TH., NAEGLER T., ET AL. 2012: *Langfristszenarien und Strategien für den Ausbau der erneuerbaren Energien in Deutschland bei Berücksichtigung der Entwicklung in Europa und global – Schlussbericht BMU - FKZ 03MAP146.* Download: http://www.erneuerbare-energien.de/files/pdfs/allgemein/application/pdf/leitstudie2011_bf.pdf, 17.12.2012

OSTROM E. 1994: *Neither Market Nor State: Governance of Common-Pool Resources in the Twenty-first Century.* Vortrag im Rahmen der IFPRI Lecture Series am 2. Juni 1994 in Washington D.C. Download: http://dlc.dlib.indiana.edu/dlc/bitstream/handle/10535/891/ostrom-E-neither_market_nor_state_governance_of_common_pool_resources_in_the_twenty_first_century.pdf?sequence=1, 14.1.2013

OSTROM E. 2009: *A General Framework for Analyzing Sustainability of Social-Ecological Systems.* Artikel im Magazin Science, Vol. 325, Juli 2009. Download: http://www.era-mx.org/biblio/Ostrom,%202009.pdf, 14.1.2013

PROMBERGER K., SPIESS H., & KÖSSLER W. 2006: *Unternehmen und Nachhaltigkeit.* Linde Verlag, Wien

PROTOKOLL VON KYOTO ZUM RAHMENÜBEREINKOMMEN DER VEREINTEN NATIONEN ÜBER KLIMAÄNDERUNGEN, vom 11.12.1997, Download: http://unfccc.int/resource/docs/convkp/kpger.pdf, 14.12.2012

RALSTON H., HORSTMANN B., & HOLL C. 2004: *Klimawandel – eine Herausforderung für Tuvalu.* Germanwatch, Bonn/Berlin, Download: http://germanwatch.org/download/klak/fb-tuv-d.pdf, 14.11.2012

REICHERT G., & VOßWINKEL J.S. 2012: *Zurückhalten von CO_2-Emissionsrechten („Backloading") ab 2013.* Publikation des Centrums für Europäische Politik der Stiftung Ordnungspolitik in Freiburg, Download: http://www.cep.eu/fileadmin/user_upload/CEP-Analysen/Backloading/CEP-Analyse_Backloading_ab_2013.pdf, 13.12.2012

RICHTLINIE 2003/87/EG DES EUROPÄISCHEN PARLAMENTS UND DES RATES vom 13.10.2003, zuletzt geändert durch Richtlinie 2009/29/EG vom 23.4.2009, Download: http://eur-lex.europa.eu/LexUriServ/LexUriServ.do?uri=CONSLEG:2003L0087:2009 0625:DE:PDF, 13.12.2012

SCHLESINGER M., LINDENBERGER D., LUTZ C. ET AL. 2010: *Energieszenarien für ein Energiekonzept der Bundesregierung.* Download: http://www.bmwi.de/BMWi/Redaktion/PDF/Publikationen/Studien/studie-energieszenarien-fuer-ein-energiekon zept,property=pdf,bereich=bmwi2012,sprache=de,rwb=true.pdf, 13.10.2012

SCHÖBEL E. o.J.: *Ökonomische Theorie der Bürokratie.* in: Gabler Wirtschaftslexikon, Online-Version, Download: http://wirtschaftslexikon.gabler.de/Archiv/1759/oekono mische-theorie-der-buerokratie-v8.html, 18.12.2012

SMIL V. 2006: *Energy at the Crossroads. Background notes for a presentation at the Global Science Forum Conference on Scientific Challenges for Energy Research. Paris, May 17-18, 2006.* Download: http://www.sjsu.edu/people/dustin.mulvaney/courses/envs119/s1/smil%202006b.pdf, 18.9.2012

SOLOW R. M. 1956: *A Contribution to the Theory of Economic Growth.* in The Quarterly Journal of Economics 70 (1), Download: http://qje.oxfordjournals.org/content/70/1/65.full.pdf+html, 18.12.2012

SPIEGEL ONLINE (Hrsg.) 2012: *Bundesrat beschließt Kohlendioxid-Speicherung.* Artikel vom 29.6.2012, Download: http://www.spiegel.de/politik/deutschland/bundesrat-beschliesst-gesetz-zur-unterirdischen-speicherung-von-co2-a-841739.html, 5.11.2012

SPIEGEL ONLINE (Hrsg.) 2011: *Klimastatistik – Treibhausgas-Ausstoß steigt schneller als je zuvor.* Artikel vom 30.5.2011, Download: http://www.spiegel.de/wissenschaft/natur/klimastatistik-treibhausgas-ausstoss-steigt-schneller-als-je-zuvor-a-765602.html, 25.9.2012

STRATMANN K., & SCHÜRMANN H.J. 2005: *Strompreis sorgt für Eklat in der Industrie.* Artikel im Handelsblatt vom 27.9.2005, Download: http://www.handelsblatt.com/unternehmen/industrie/tiefe-graeben-zwischen-versorgern-und-industriellen-grossverbrauchern-strompreis-sorgt-fuer-eklat-in-der-industrie/v_detail_tab_print/2556952.html, 17.12.2012

TIETENBERG T. 2003: *Environmental and natural resource economics.* Addison-Wesley, Boston

TULLOCK G. 1967: *The Welfare Costs of Tariffs, Monopolies, and Theft.* aus: Western Economic Journal (3), Juni 1967, in: TOLLISON R. D., & CONGLETON R. D. 1995: *The Economic Analysis of Rent Seeking.* Edward Elgar Publishing, Aldershot, ENG / Brookfield Vermont, USA

TUSCHINSKI M. 2012: *Kommt die EnEV 2012 erst 2013?* Artikel in: Deutsches Ingenieur Blatt Heft 5, Mai 2012, Download: http://www.tuschinski.de/120518_tuschinski_enev_2012_kommt_2012_deutsches_ingenieurblatt.pdf, 28.11.2012

UMWELTBUNDESAMT DEUTSCHLAND 2011: *Aufteilung der EU_treibhausgas-Emissionsminderungsbeiträge um 20% gegenüber 1990.* Grafik, Download: http://www.umweltbundesamt-daten-zur-umwelt.de/umweltdaten/public/document/downloadPrintImage.do;jsessionid=C200327EE46326C229EA3C92DE4EA09E?date=&ident=22023, 14.9.2012

UMWELTBUNDESAMT DEUTSCHLAND 2011: *Treibhausgas-Emissionen der EU-27 nach Quellkategorien in Mio. t CO_2-Äquivalenten.* Tabelle, Download: www.umweltbundesamt-daten-zur-umwelt.de/umweltdaten/public/document/downloadPrint.do;jsessionid=006469FDA737C02BAA34D7364472F332?ident=22004, 14.9.2012
Als Quelle zu dieser Tabelle wird genannt: Europäische Umweltagentur – European Environment Agency (EEA) 2011: *Annual European Community greenhouse gas inventory 1990-2009 and inventory report 2011.* Submission to the UNFCCC Secretary, Kopenhagen

UMWELTBUNDESAMT DEUTSCHLAND 2012: *Emissionen von direkten und indirekten Treibhausgasen und von SO_2.* Tabelle, Download: http://www.umweltbundesamt-daten-zur-umwelt.de/umweltdaten/public/document/downloadPrint.do?ident=23562, 25.9.2012
Als Quelle zu dieser Tabelle wird genannt: Umweltbundesamt: *Nationale Trendtabellen für die deutsche Berichterstattung atmosphärischer Emissionen seit 1990 (Stand: 15.April 2012).* Veröffentlicht unter: www.umweltbundeamt.de/emissionen/publikationen.htm

UMWELTBUNDESAMT DEUTSCHLAND 2011: *Weltweite anthropogene Treibhausgas-Emissionen.* Download: http://www.umweltbundesamt-daten-zur-umwelt.de/umweltdaten/public/theme.do?nodeIdent=2346, 14.9.2012

UMWELTBUNDESAMT DEUTSCHLAND 2011: *Zielsetzung der Europäischen Union (EU-15 und EU-27) zur Minderung der Treibhausgas-Emissionen.* Download: http://www.umweltbundesamt-daten-zur-umwelt.de/umweltdaten/public/theme.do?nodeIdent=2504, 14.9.2012

UMWELTBUNDESAMT ÖSTERREICH 2012: *Erneuerbare Energieträger.* Download: http://www.umweltbundesamt.at/umweltsituation/energie/erneuerbare/, 18.9.2012

Verband der Chemischen Industrie e.V. (Hrsg.) 2012: *Daten und Fakten zum Thema: Klimaschutz.* Artikel vom 24.9.2012, Download: https://www.vci.de/Downloads/Top-Thema/DF_Klimaschutz.pdf, 25.92012

VEREIN DEUTSCHER INGENIEURE (VDI) (Hrsg.) o.J.: *Speichertechnologien.* Download: http://www.vdi.de/studium/infos/vdi-und-asme-zeigen-weg-zu-100-nachhaltigkeit/speichertechnologien/, 6.12.2011

VERORDNUNG ÜBER DIE ZUTEILUNG VON TREIBHAUSGAS-EMISSIONSBERECHTIGUNGEN IN DER HANDELSPERIODE 2013-2020 (Zuteilungsverordnung 2020 – ZuV 2020) vom 26.9.2011, Download: http://www.gesetze-im-internet.de/bundesrecht/zuv_2020/gesamt.pdf, 10.12.2012

WÄRMESCHUTZVERORDNUNG (WärmeschutzV) vom 11. 8. 1977. Download: *http://www.bbsr.bund.de/nn_1025190/EnEVPortal/DE/Archiv/WaermeschutzV/WaermeschutzV1977/1977.html, 19.9.2012*

WECK-HANNEMANN H. 1992: *Politische Ökonomie des Protektionismus: eine institutionelle und empirische Analyse.* Campus-Verlag, Frankfurt (Main)/NewYork

WEIMANN J. 1995: *Umweltökonomik.* Springer-Verlag, Berlin/Heidelberg

WESSELAK V., & SCHABBACH TH. 2009: *Regenerative Energietechnik.* Springer, Heidelberg/Dordrecht/London/New York

WIKIPEDIA ENZYKLOPÄDIE 2012: *Erneuerbare-Energien-Gesetz.* Download: http://de.wikipedia.org/wiki/Erneuerbare-Energien-Gesetz, 7.11.2012

YORK R. 2006: *Ecological Paradoxes: William Stanley Jevons and the Paperless Office.* in: Human Ecology Review, Vol. 13, No.2, Download: http://w.humanecologyreview.org/pastissues/her132/york.pdf, 19.12.2012

ibidem-Verlag

Melchiorstr. 15

D-70439 Stuttgart

info@ibidem-verlag.de

www.ibidem-verlag.de
www.ibidem.eu
www.edition-noema.de
www.autorenbetreuung.de

Zeitfracht Medien GmbH
Ferdinand-Jühlke-Straße 7
99095 Erfurt, Deutschland
produktsicherheit@kolibri360.de